W0363908

Die Neue Welt 1492–1992

Indianer zwischen Unterdrückung und Widerstand

Herausgegeben von
Gerhard Baer, Susanne Hammacher
und Annemarie Seiler-Baldinger

Birkhäuser Verlag
Basel · Boston · Berlin

Der vorliegende Band ist eine Koproduktion des Birkhäuser Verlag Basel und des Museums für Völkerkunde und Schweizerischen Museums für Volkskunde Basel.

Umschlagabbildungen
Oben: Osterprozession, San Andres Chicahuaxtla, Mexiko. Foto: S. Hammacher.
Unten: Folterungen der Indianer. Aus: Félipe Guaman Poma de Ayala: El primer nueva corónica y buen gobierno. 17. Jahrhundert.

Die Deutsche Bibliothek – CIP-Einheitsaufnahme
Die Neue Welt : 1492–1992 ; Indianer zwischen Unterdrückung und Widerstand / hrsg. von Gerhard Baer ... – Basel ; Boston ;
Berlin : Birkhäuser, 1992
ISBN 3-7643-2718-9
NE: Baer, Gerhard [Hrsg.]

Das Werk ist urheberrechtlich geschützt. Die dadurch begründeten Rechte, insbesondere die des Nachdruckes, der Entnahme von Abbildungen, der Funksendung, der Wiedergabe auf photomechanischem oder ähnlichem Wege und der Speicherung in Datenverarbeitungsanlagen bleiben, auch bei nur auszugsweiser Verwertung, vorbehalten. Die Vergütungsansprüche des 54, Abs. 2 UrhG werden durch die «Verwertungsgesellschaft Wort», München, wahrgenommen.

© 1992 Birkhäuser Verlag Basel und Museum für Völkerkunde und Schweizerisches Museum für Volkskunde Basel
Copyright der Fotos bei den Autoren; siehe Quellennachweis im Anhang.
Druck: Steudler Offsetdruck, Basel
Einband: Grollimund AG, Reinach BL
Printed in Switzerland
Gestaltung: Albert Gomm swb/asg, Basel
ISBN 3-7643-2718-9 (gebunden)

Inhaltsverzeichnis

Einleitung

Aufbruch in die Neue Welt. Kolumbus nimmt von Ferdinand und Isabella, dem spanischen Königspaar, Abschied.

Der Genuese Christoph Kolumbus segelte vor 500 Jahren von Spanien aus westwärts über das offene Meer und erreichte nach entbehrungsreicher Reise eine Insel der Bahamas-Gruppe. Die Insel hiess in der Sprache ihrer Bewohner Guanahaní, und man nimmt an, daß sie mit Samana Cay oder mit Watling Island identisch ist. Diese erstmalige Landung eines Europäers in Amerika hat nichts mit einer «Entdeckung» Amerikas zu tun. Amerika wurde vor Tausenden von Jahren von kleineren wandernden Gruppen besiedelt, die über die damalige Landbrücke zwischen Asien und Amerika im Bereich der Bering-See auf den amerikanischen Kontinent gelangten. Sie gaben sich mit Sicherheit keine Rechenschaft darüber, dass sie den Boden eines neuen Kontinents betraten, und deshalb muss man annehmen, dass Amerika niemals «entdeckt», sondern eben besiedelt wurde.

Zur Zeit der Ankunft des Kolumbus zählte die indianische Bevölkerung Amerikas schätzungsweise mindestens 30 bis 40 Millionen, wahrscheinlich aber sogar 50 bis 70 Millionen Menschen, und es sind auch höhere Werte (90 bis 112 Millionen; Dobyns, s. Lit.angabe S. 14) errechnet worden. Im 17. Jahrhundert war die indianische Bevölkerung Nord-, Mittel- und Südamerikas schätzungsweise auf etwa 6 bis 7 Millionen Menschen abgesunken, eine Folge kolonialer Wirtschaftspraktiken und von den Europäern eingeschleppter epidemischer Krankheiten. Die Entvölkerung der indianischen Gebiete war mit ein Grund für die Einfuhr afrikanischer Sklaven (vgl. dazu die Beiträge von S. Haas, G. Baer und B. Gardi).

Was mit der Landung der spanischen Karavellen auf den Antillen unter dem Deckmantel der Missionierung tatsächlich begann, nämlich die Plünderung der «entdeckten» Gebiete und die totale Ausnutzung der indianischen Menschen, ist kein Anlass zum Feiern, sondern Anlass zur Besinnung auf das, was bis heute fortdauert: die hemmungslose Ausbeutung der Gebiete, die vor 500 Jahren und später in koloniale Abhängigkeit gerieten. Es sind dies vornehmlich Länder der südlichen Halbkugel, und wir sprechen heute im Rahmen der weltwirtschaftlichen Verhandlungen vom «Nord-Süd-Dialog». Von einem wirklichen Dialog kann allerdings keine Rede sein, denn die reichen industrialisierten Länder der nördlichen Hemisphäre diktieren die Bedingungen des wirtschaftlichen Austauschs. Die sich für den Süden laufend verschlechternden Tauschverhältnisse im internationalen Handel haben einen stetig sinkenden Exporterlös und damit eine wachsende Schuldenlast zur Folge, unter der die Länder der sogenannten Dritten Welt zusammenzubrechen drohen. Die Verteilungskämpfe um die vorhandenen Ressourcen werden heute zusehends härter. Angesichts dieser Verhältnisse sind zwei Haltungen möglich:

a) der Versuch einer ausgleichenden Verteilung von Ressourcen und Technologien. Eine solche Verteilung setzt die Existenz und das effiziente Funktionieren einer ordnenden, d. h. auch übergeordneten internationalen Organisation mit weitreichenden Befugnissen und Durchsetzungsmöglichkeiten voraus.
b) strategisches Handeln, das auf die Monopolisierung von Ressourcen und Technologien abzielt. In diesem Bereich zeichnen sich heute Konzentrationen kontinentalen Ausmasses ab.

Viele Anzeichen sprechen dafür, dass das zweite Modell die derzeitige Politik bestimmt. Sollte sich dies nicht ändern, wäre es für die Länder der «Dritten Welt», namentlich auch für Lateinamerika, verhängnisvoll. Es würde bedeuten, dass wir nicht imstande sind, aus den Fehlern der Geschichte zu lernen und Fehlhaltungen der Vergangenheit zu vermeiden. Die Geschichte des Kolonialismus zeigt deutlich, dass Millionen von Menschen und ganze Völker als Mittel zum Zweck benützt und geopfert wurden, wie wir dies etwa aus dem Vizekönigtum Peru, von der Ausbeutung der Silberminen von Potosí und den Quecksilberminen von Huancavelica, kennen, wo Hunderttausende von Indios umkamen und Hunderttausende ihr Land verliessen, um nicht zum Minendienst gepresst zu werden.

Die Geschichte und die gegenwärtige Situation verlangen ein Umdenken. Für eine wirtschaftliche Entwicklung der Länder der südlichen Hemisphäre müssen Investitionen getätigt werden, deren Gewinne diesen Ländern selbst zugute kommen. Gesellschaftlich und politisch müssen Bestrebungen und Initiativen unterstützt werden, die innerhalb der Länder eine demokratische Grundlage und eine gerechte Verteilung der Ressourcen anstreben, welche bisher die lokalen Eliten meist in ihren Händen konzentriert haben. Sollte dies nicht gelingen, wird das weltweite bedrohende Folgen haben.

Von Belang sind allerdings nicht nur Fragen globalen Ausmasses, sondern auch konkrete Probleme wie die Existenzbedingungen der Indianervölker und damit die Frage nach den Landbesitzverhältnissen. Indianische Gemeinschaften gibt es nur solange, wie sie über eigene Territorien – auf kollektiver oder individueller Basis – verfügen. Indianer ohne Land verkommen zu ländlichem oder städtischem Kleinproletariat, sie verlieren ihre kulturelle und ihre ethnische Identität.

In Mittel- und Südamerika hat sich der Druck in den letzten Jahren und Jahrzehnten erneut verstärkt. Ursachen sind das starke Bevölkerungswachstum der lateinamerikanischen Länder, der Anbau von *cash crops*, aber auch von Drogenpflanzen, das Abbrennen ausgedehnter Tro-

penwaldgebiete zur Gewinnung von Weideland und die Zerstörung tropischer Wälder zur Extraktion gewinnträchtiger Holzarten.
Die durch die Zerstörung der Tropenwälder und der Flüsse (Goldsucher) in bisher kaum vorstellbarem Ausmass bedingten Umweltschäden beschleunigen Bevölkerungsumsiedlung, Migrationen und Fluchtbewegungen, die auch indianische Völkergruppen erfassen (s. den Beitrag von P. Birraux-Ziegler). Diese Bewegungen greifen letztlich nach anderen Kontinenten aus, so nach Europa.
Wenn wir der Frage nachgehen, was sich in den vergangenen 500 Jahren vorwiegend kolonialer Wirtschaft und Politik verändert hat, sehen wir, dass aus den Völkern, die lange Zeit Gegenstand historischer, geographischer und ethnographischer Beschreibung waren, Subjekte der Geschichte geworden sind. Diese Völker schreiben heute ihre eigenen Berichte, stellen ihre Perspektiven und ihre Erwartungen selbst dar, wenden sich gegen ihre Bevormundung und Ausbeutung.
Stellvertretend sei hier das «Zweite Kontinentale Treffen zu 500 Jahre Widerstand der Indianer, der Schwarzen und des Volkes» vom 7. bis 12. Oktober 1991 in Xelajú (Guatemala) erwähnt. Dieses Treffen reiht sich in einen Zyklus ein, der 1989 in Bogotá seinen Anfang nahm, sich 1990 in Quito fortsetzte und 1992 in dieser Form in Nicaragua vermutlich seinen Abschluss findet. Die Versammlungen hatten die Selbstentdeckung der indianischen Völker zum zentralen Thema.
Der veränderten Situation muss auch die Völkerkunde/Ethnologie Rechnung tragen. So versuchen die Autoren einiger Beiträge des vorliegenden Bandes, die Perspektive und eigene Sichtweise ihrer «Forschungssubjekte» zu reflektieren. Dass im Jahre 1992 eigentlich den Indianern selbst das Wort erteilt werden sollte, ist den Herausgebern bewusst. Stellvertretend für eine selbst formulierte Sicht der indianischen Völker stehen deshalb die Gedichte von Michael Kabotie, oder Lomawywesa, wie er sich auf Hopi nennt.
Der vorliegende Band versteht sich als Leseheft, das ergänzend zur Sonderausstellung «500 Jahre Kulturimport aus der Neuen Welt» (Mai 1992 bis März 1993) im Museum für Völkerkunde Basel erscheint. Aus der persönlichen Sicht und Erfahrung der eingeladenen Autorinnen und Autoren wirft es einige Schlaglichter auf die komplexe Geschichte und Gegenwartssituation der amerikanischen Völker. Die Herausgeber haben sich bemüht, die Beiträge nach Gruppen zu ordnen. Gliederungsprinzipien waren dabei kulturgeographische und historische wie auch sachliche Gemeinsamkeiten.
Die ersten Beiträge behandeln, wie erwähnt, die Anfänge der spanischen Kolonien auf den Antillen und dem benachbarten Festland. Die Spuren, die von den dort angetroffenen Kulturen in der Sammlung des Basler Museums zu finden sind, werden im Rahmen der oben erwähnten Sonderausstellung gezeigt (S. Haas, G. Baer). Ebenfalls Begleittext zur Ausstellung ist der Beitrag von A. Seiler-Baldinger, der einen Überblick über die Kulturgüter, Nahrungs-, Genuss- und Medizinalpflanzen gibt, die wir den Indianern verdanken. Viele dieser uns vertrauten, aus Amerika stammenden Güter sind heute aus unserem Alltag nicht mehr wegzudenken, ihr Ursprung ist uns heute kaum noch bewusst. Diese für Europa so erfolgreiche Ausbeutung der amerikanischen Reichtümer wurde erst durch den Import von Mil-

lionen von afrikanischen Sklaven ermöglicht. Daran erinnert B. Gardi in seinem Beitrag.
Die folgenden Aufsätze von E. Dürr und U. Köhler sind den Maya-Gruppen der Tzeltal und der Tzotzil in Mexiko gewidmet. E. Dürr beschreibt den Aufstand der Tzeltal der Jahre 1712 bis 1713, U. Köhler die Fremdbilder aus der Sicht der Tzotzil. Beide Texte befassen sich – in historischer Sicht oder aus der Perspektive der Gegenwart – mit der Identität der genannten Maya-Gruppen und der Wahrnehmung der Fremden bzw. der Invasoren. Das Thema der kulturellen Identität, der Selbstbehauptung und des Widerstandes indianischer Volksgruppen gegen Fremdeinflüsse und geistige Bevormundung setzt sich in den Beiträgen von S. Hammacher, M. S. Cipolletti, A. Spinnler-Dürr und L. Boglár fort, wobei Perspektive und Fokus der Thematik unterschiedlich gewählt, bald mehr historisch gerichtet, bald mehr gegenwartsbezogen sind. U. Bitterli zeichnet das ambivalente Indianerbild der frühen Überseereisenden; M. Münzel gibt uns genauen Einblick in das stark religiös gefärbte Naturverständnis der Aché Ost-Paraguays.
H. R. Wicker und P. Birraux-Ziegler befassen sich engagiert mit Fragen der indianischen Territorien, der Sicherung ihres Landes und mit der Zerstörung des indianischen Lebensraums durch die Agenten der vordringenden Zivilisation: Grossgrundbesitzer, Siedler, Goldsucher und Militär.
Der Beitrag von P. Gerber schliesslich eröffnet die Diskussion, ob Völkerkundemuseen ein Ort der Begegnung oder der Konfrontation mit den indianischen Völkern darstellen, deren Kulturgut hier gesammelt wird, und zeigt einen brisanten Fall von Kultursponsoring auf.
Die Ureinwohner Amerikas sind in den letzten 500 Jahren als Angehörige der indianischen Rasse meist politisch entrechtet und sozial verachtet gewesen. Die Geschichte und ansatzweise auch die Beiträge dieses Buches zeigen aber, dass die indianischen Völker Amerikas und auch Inuit und Schwarze dieser Unterdrückung immer wieder getrotzt haben.
Es ist unsere Hoffnung, dass die Besinnung auf die seit der ersten Kolumbus-Fahrt vergangenen 500 Jahre dazu führt, die Einschätzung der Indianer und ihre Einbettung in die soziale Hierarchie zu ändern, und dass die Beiträge des vorliegenden Bandes zu dieser Besinnung einen Anstoss liefern.

Basel, im Februar 1992

Gerhard Baer
Susanne Hammacher
Annemarie Seiler-Baldinger

Gerhard Baer

Wo die Invasion begann: die Antillen

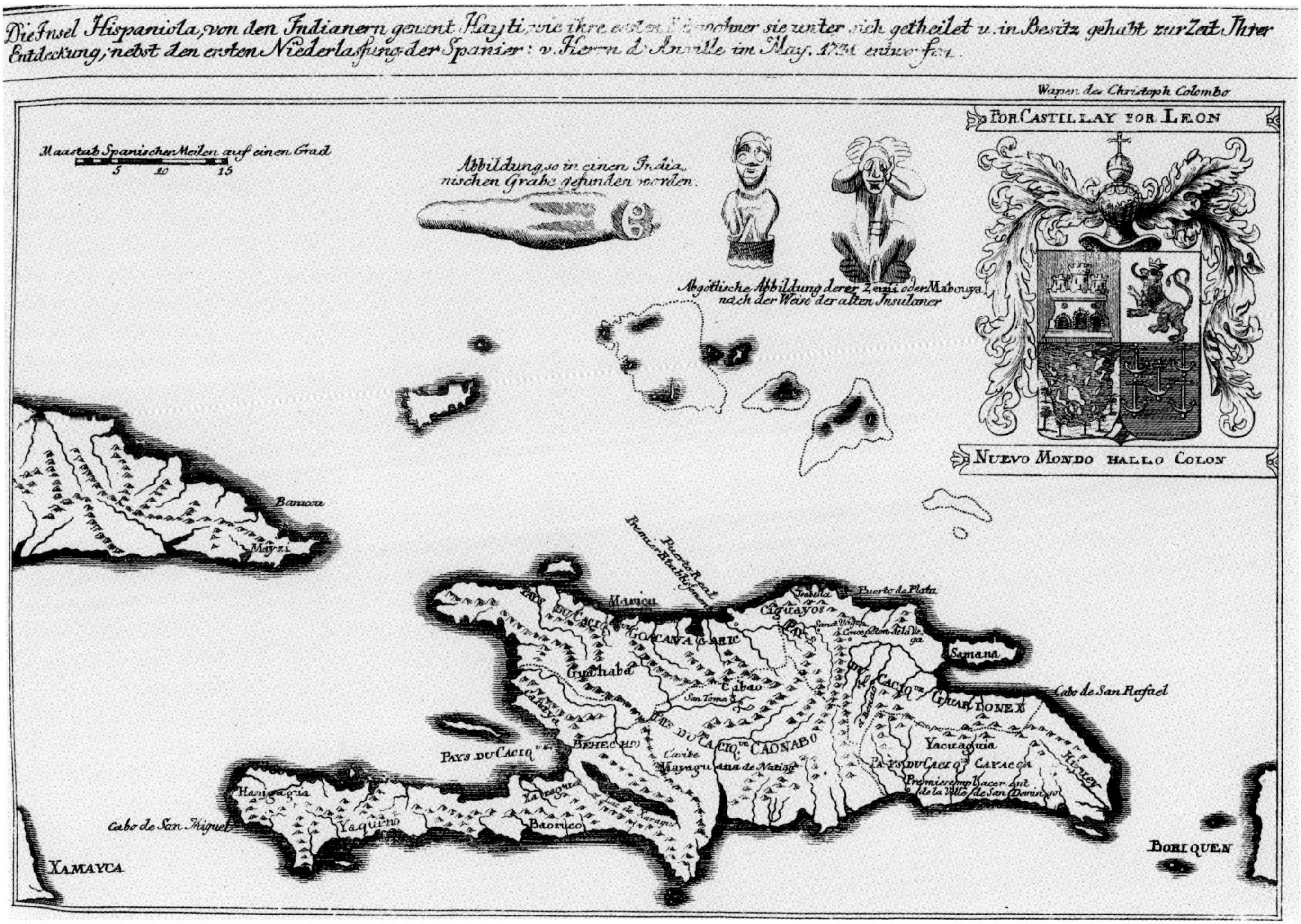

Insel Hispaniola (heute Haiti und Dominikanische Republik), Illustration von d'Anville, 1731.

«Sofort sammelten sich an jener Stelle zahlreiche Eingeborene der Insel an. In der Erkenntnis, dass es sich um Leute handle, die man weit besser durch Liebe als mit dem Schwert retten und zu unserem Heiligen Glauben bekehren könne, gedachte ich sie mir zu Freunden zu machen und schenkte also einigen unter ihnen rote Kappen und Halsketten aus Glas und noch andere Kleinigkeiten von geringem Werte, worüber sie sich ungemein erfreut zeigten. Sie wurden so gute Freunde, dass es eine helle Freude war.»

(Aus dem Bordbuch des Christoph Columbus, über die Ankunft der spanischen Karavellen auf der Insel «Guanahaní», d. h. Samana Cay, Bahamas, am 11. und 12. Oktober 1492)

Die Veröffentlichung einiger von den Antillen stammender Gegenstände, die sich im Basler Völkerkundemuseum befinden, hat zwei Gründe; einmal sollen diese Artefakte in Text und Bild vorgestellt werden (s. Beitrag von S. Haas, S. 16ff.), zum andern sei bei dieser Gelegenheit daran erinnert, dass diese Gegenstände von einer Bevölkerung hergestellt und gebraucht wurden, die bereits im 16. Jahrhundert auf rund 22000 Bewohner reduziert wurde und im 19. Jahrhundert bis auf geringe Reste ausstarb. Die Frage, wie hoch die Zahl der ursprünglichen Bevölkerung vor Ankunft der Spanier gewesen sei, ist umstritten. Der unbeugsame Bischof Bartolomé de las Casas, der die Zahl ursprünglich auf drei bis vier Millionen Einwohner beziffert hatte, nannte schliesslich in seiner «Brevissima Relación» (dem kurzgefassten Bericht von der Verwüstung Westindiens, 1552) die Grössenordnung von sechs Millionen Indios. Dabei handelte es sich um Taino, Kariben und Ciboney; die aruaksprachigen Indios werden zuweilen mit den Taino gleichgesetzt. Um 1570 gab es kaum noch Taino auf der Insel Hispaniola (Haiti und Dominikanische Republik), die zuerst von Spaniern besiedelt und bewirtschaftet wurde.
Die Frage der ursprünglichen, nämlich indianischen Bevölkerung Amerikas ist 1966 von Henry F. Dobyns neu gestellt worden. Seine Berechnungen ergeben für das präkolumbische Amerika insgesamt zwischen 90 und 112 Millionen Indianer. Diese Ziffern gelten als sehr hoch. Seinen Berechnungen liegt die Annahme zugrunde, dass die historischen Tiefststände der Bevölkerung (vor allem im 16. und 17. Jahrhundert) mit den Multiplikatoren 20 oder 25 zu versehen seien. Das historische Tief der Bevölkerung der Antillen (von 22150 Bewoh-

Columbus als er in India erſtlich ankommen/ wirdt von den Einwohnern mit groſſem Geſchenck verehret vnd begabet auffgenommen. IX.

Ankunft des Kolumbus auf den Antillen.

DA Columbus in ſeiner erſten Schiffahrt zu Land gefahren/ hat er an dem Geſtaden deß Meers ein höltzin Crucifix laſſen auffrichten/ darnach iſt er in die Inſel Haytin/ welche er Hiſpaniolam nennet/ kommen/ vnd mit vielen Spaniern auff das Land außgeſtiegen/ An demſelbigē Orth ward er von dem Cacico (alſo nennen ſie die Königſche auff jhre Spraach) welcher Guacanarillus mit Namen hieß/ gantz freundtlich vnnd herꝛlich auffgenommen/ vnd als ſie beyde einander mit Geſchenck vnd Gaben verehreten/ haben ſie ein Bündnuß der zukünfftigen Freundtſchafft mit einander gemacht vnd beſtättiget: Es verehret vnnd begabet Columbus den König mit Hembdern/ Hüten/ Meſſern/ Spiegeln vnd dergleichen/ Hergegen verehret vnd ſchencket dem Columbo der Cacicus ein groſſen vnd ſchweren glotzen Goldts/ Capit. 7.

nern) im Jahr 1570 ergibt dann 443000 bzw. 553750 Indianer. Das ist erstaunlich wenig, denn die meisten Kenner indianischer Verhältnisse schätzen die eingeborene Bevölkerung der Antillen auf mindestens 1–2 Millionen Indios.
Die Ursachen der Bevölkerungsdezimierung haben ebenso zu Diskussionen Anlass gegeben wie das Faktum selbst. Fest steht dabei folgendes:
Im Jahre 1518 trat eine Pockenepidemie auf, die Tausende von Taino dahinraffte. Dies geschah indessen zu einem Zeitpunkt, als die Bevölkerung bereits ausserordentlich stark durch die ihnen von den Spaniern auferlegte Zwangsarbeit in den Goldwäschereien (in denen auch Frauen, auch junge Mütter mit ihren Kleinkindern, bis zur Erschöpfung arbeiten mussten), durch kriegerische Gefechte und anschliessende Massaker, durch Verbot von Jagd und Fischfang (die den Arbeitssklaven die dringend benötigten Proteine verschafft hätten) und schliesslich durch eigentliche Sklaverei und Verschleppung dezimiert worden war. Alle diese hier nur andeutungsweise genannten Umstände brachen den Lebenswillen der einheimischen Bevölkerung Westindiens. Die Antillenbewohner gaben die Hoffnung auf ein menschenwürdiges Leben unter der fremden Herrschaft auf und entschlossen sich in vielen Fällen dazu, kollektiv oder einzeln Selbstmord zu begehen; auch sank die Geburtenrate offensichtlich stark und rasch ab. Erst danach setzte die Pockenepidemie ein und vernichtete einen grösseren Teil der Bevölkerung, die sich bis dahin noch erhalten hatte.

Wirtschaftsweise und Kultur der Antillenbewohner

Die Wirtschaft der Antillenbewohner war gemischt. Der Anbau von Pflanzen (bitterer Maniok, Mais und Süsskartoffeln, u. a.) stand wohl im Zentrum der Tätigkeiten zur Nahrungsbeschaffung, zudem fischten die Bewohner in den Flüssen und an den Meeresgestaden (mit Reusen, Netzen, Speeren, Fischwehren und Angelhaken aus Knochen oder Muschelschale). Der Jagd auf Leguane und Baumnagetiere kam untergeordnete Bedeutung zu; wichtiger waren die Jagd auf Meeresschildkröten und die Seekuh *(manatí)*, aber auch das Sammeln von Meeresschnecken und Muscheln sowie Krabben durch die Frauen. Die Jagd war in der Regel Männersache. Fruchtbäume müssen eine grosse Rolle für die Ernährung gespielt haben, denn einige Berichterstatter aus früher spanischer Zeit erwähnen «Obstgärten». Viele der angebauten oder wildwachsenden Pflanzen wurden zu Heilzwecken verwendet oder im Ritual, so der Tabak und etwa *Piptadenia peregrina*, deren Samen zu Schnupfpulver zerrieben wurden. Das Schnupfpulver führte zu Trancezuständen, denen religiöse und soziale Bedeutung zukam. Die Bevölkerung scheint vorwiegend sesshaft gewesen zu sein: es gab offensichtlich grössere und dichtbesiedelte Dörfer mit mehr als tausend Bewohnern, andererseits auch temporäre Siedlungen, z. T. in Zusammenhang mit dem Wanderfeldbau sowie mit der Sammel- und Jagdtätigkeit einzelner Gruppen. Die Dörfer besassen üblicherweise einen Platz, der für Ballspiele benutzt wurde. Diese Ballspielplätze verweisen auf den Einfluss Mesoamerikas, d. h. der mexikanischen Kulturen und der Maya; dort hatte das

Indianer können der Spanier Tyranney nicht länger leiden/ erwürgen sich selbs. XXIII.

Antillenbewohner gehen freiwillig in den Tod, um der Unterdrückung durch die Spanier zu entgehen.

142.

DA die Eynwohner der Insel Hispaniolæ sahen/ daß sie mit ewiger vnentlicher arbeit vnd peinigung vndertruckt waren/ vnd deß elends kein end war/schrien vñ wehklagten sie hefftig vnd wünscheten jnen selbs freywillig den Todt/ derowegen waren viel vnter jhnen die verzweiffelten an jrer Hoffnung/ vnnd lieffen hinauß in die Wälde/ erhencketen sich selbs an den Bäumen/ doch brachten sie zuvorhin jhre eigene Kinder vmb: Deßgleichen theten auch die schwangere Weiber/wann sie nahe bey der Geburt waren/assen sie ein Kraut das bracht die Frucht in Mutterleib vmb/folgeten jrer Männer fußstapffen nach/ vnd erwürgeten sich selber mit dem Strang. Letztlich fandt man an allen ohrtẽ viel Indianer/ deren etliche von hohen Bügeln herab zu todt gestürtzet/etliche fielen in das Meer vnd andere fliessende Wasser/ vnd ersäufften sich/ etliche aber brachten sich durch den freywilligen Hunger vmb/ damit sie ab der Welt kämen. Es waren auch etliche/ die machten auß Kisselstein spitzige Instrument/ vñ stiessen jnen selbs in das Hertz/ oder in die Seiten/vnd entleibten sich selbs damit. 25. Cap.

Ballspiel einen hohen religiösen, sozialen und politischen Stellenwert. In Mesoamerika war das Ballspiel mit Menschenopfern verbunden; ob dies für die Antillen zutraf, ist nicht bekannt.

Die Gesellschaft der Antillenbewohner muss allen Berichten zufolge geschichtet gewesen sein. Erwähnt werden in den Chroniken Häuptlinge verschiedener Grade, d. h. Ober- und Unterhäuptlinge; wahrscheinlich ist, dass es auf den Grossen Antillen (Kuba, Hispaniola, d. h. Haiti und Dominikanische Republik, Jamaica, Puerto Rico) und den kleineren Antilleninseln keine Staatenbildung gab, sondern lediglich Häuptlingstümer *(chiefdoms)*. Trotz einiger Augenzeugenberichte (Kolumbus, B. de las Casas, Fernández de Oviedo y Valdés u. a.) wissen wir über die gesellschaftlichen und religiösen Verhältnisse der Antillenbewohner wenig Verlässliches. Zu schnell und zu vollständig sind jene Gesellschaften und deren Kulturen zerstört worden.

Literatur

Bartolomé de las Casas: Kurzgefasster Bericht von der Verwüstung der Westindischen Länder. Hrsg. von Hans Magnus Enzensberger, Frankfurt 1981.

Henry F. Dobyns: Estimating aboriginal American population: an appraisal of techniques with a new hemispheric estimate. In: Current Anthropology, vol. 7 (4), 395–416, Chicago 1966.

Gonzalo Fernández de Oviedo y Valdés: Historia general y natural de las Indias. Ed. de Juan Perez de Tudela Buesco, Madrid 1959.

Gonzalo Fernández de Oviedo y Valdés: Natural history of the West Indies. Transl. and ed. by S. A. Stoudemire, Chapel Hill 1959.

Christoph Kolumbus' Bordbuch. Mit einem Nachwort von Frauke Gewecke und zeitgenössischen Abbildungen, Frankfurt 1981.

Zur Bedeutung einiger Artefakte, die als archäologische Relikte in Museumssammlungen gelangten:

Von besonderer Bedeutung sind Steine, Mollusken, Korallen, Knochen, Holz und Keramik, ursprünglich auch textile Materialien.

Stein	Geräte aus Feuerstein; Reibschalen und Stössel *(manos)*; Beile – poliert/unpoliert; Hammersteine; Steinidole *(zemi)*, darunter solche, die man im Englischen als «three-pointed stones» bezeichnet hat;
Mollusken	beilartige Geräte (insbesondere in den Gebieten, wo grössere Steine fehlen oder selten sind); Schmuck;
Korallenstücke	Geräte, z. T. als Feilen verwendet; Schmuck;

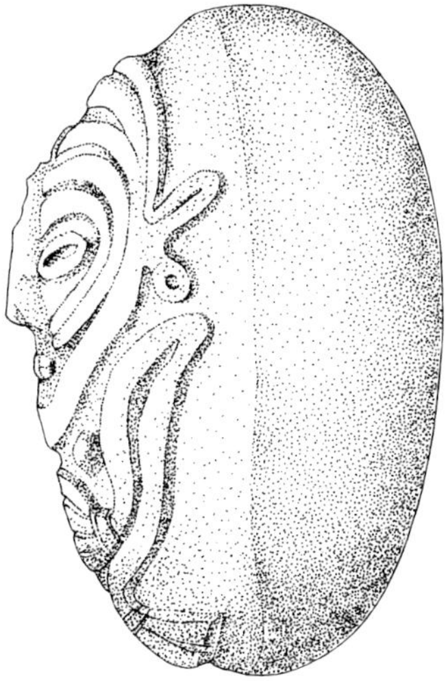

Stein mit Relief: anthropomorphe Gestalt in hockender Stellung. H. 10,0 cm. Herkunft wahrscheinlich Antillen. IVc 5394.

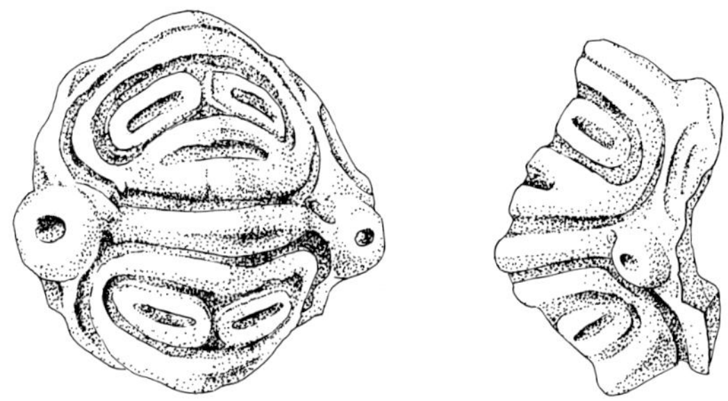

Keramikknubbe: anthropomorphe Gestalt in hockender Stellung. H. 4 cm. Dominikanische Republik, Constanza IVc 6340.

Knochen — z. B. Waffenspitzen

Holz — (in der Basler Sammlung nicht vertreten); aus Holz wurden u. a. die Zeremonialsitze für (grosse) Häuptlinge gefertigt; einige davon sind erhalten. Erhalten ist auch ein langes, zu einer Spitze zulaufendes Paddel eines Kanus; Holz war wichtig für den Bau von Häusern, Kanus und vielen Geräten;

Textilien — Erhalten sind einzelne *zemi* (Ahnenwesen, Götter, Geister) aus textilen Materialien; Körbe und Flechtwaren müssen eine ausserordentlich bedeutsame Rolle in der Kultur der Antillenbewohner gespielt haben;

Keramik — Die Reste von Tongefässen, die man fand, sind sehr vielfältig: verziert/unverziert; bemalt/unbemalt; mit plastisch geformten *adornos* (Applikationen) versehen/oder ohne; die Formen der (erhaltenen ganzen) Gefässe variieren ebenfalls, doch gibt es einige Grundformen, so z. B. Gefässe mit ovalem, «bootförmigem» Grundriss.

Randscherbe, Säugetier (Aguti, Goldhase?) mit Rasselfunktion. H. 6,8 cm (Zeichnung 90° gedreht). Trinidad, Cedros. IVc 5541.

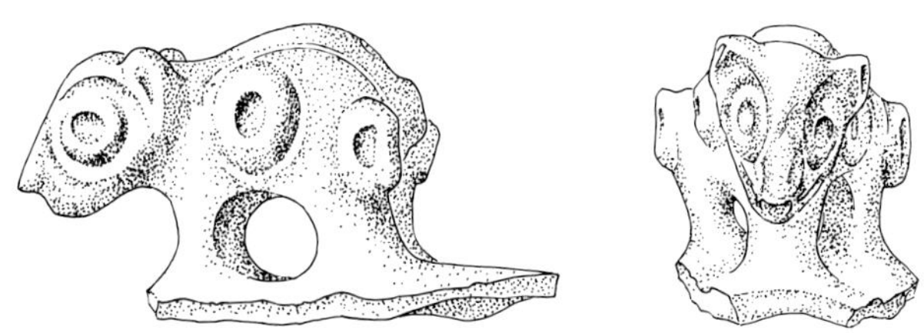

Susanne Haas

Indianische Altertümer aus Westindien im Museum für Völkerkunde, Basel

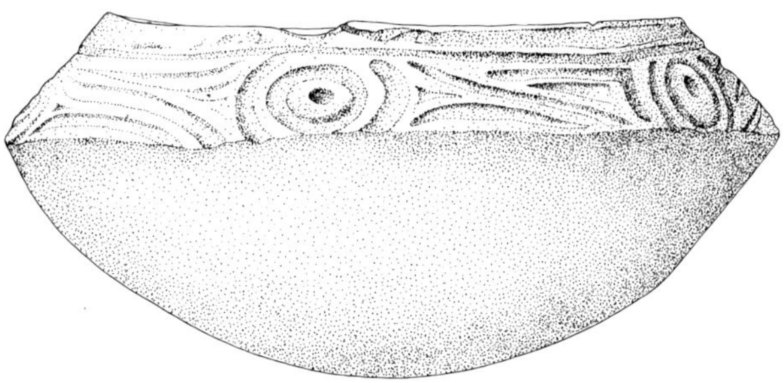

Schale. B. 16,0 cm.
Dominikanische Republik, Boca Chica.
IVc 6326.

Schale. B. 16,3 cm.
Dominikanische Republik, Boca Chica?
IVc 6329.

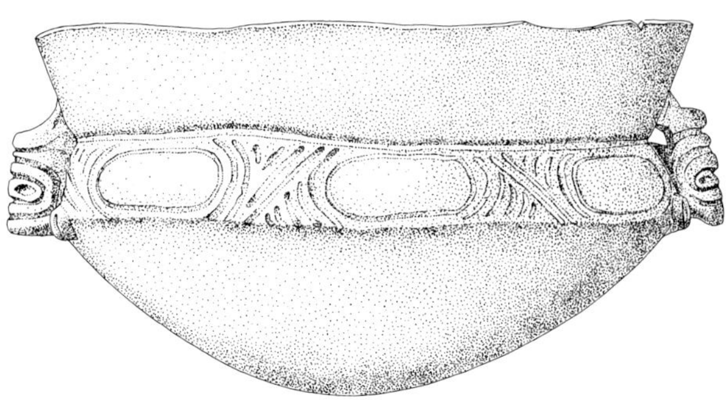

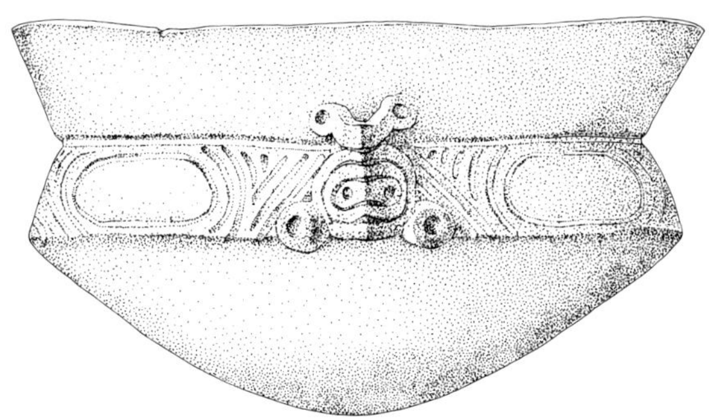

In Westindien, das die Grossen und die Kleinen Antillen umfasst, gab es in vorkolumbischer Zeit zwei Einwanderungswellen von Südamerika aus. Die erste führte zu einer Besiedlung mit Aruaken, die auf den Grossen Antillen die schon länger ansässigen Ciboneyes weitgehend verdrängten, die zweite zur Kolonisierung der Kleinen Antillen durch Kariben. Die beiden Völker standen sich feindlich gegenüber. Zur Zeit der Entdeckung gab es auf den Kleinen Antillen nur noch auf Trinidad eine aruakische Bevölkerung, wobei sich der nordwestliche Teil dieser Insel wahrscheinlich auch schon in karibischer Hand befand.

Das Museum für Völkerkunde in Basel ist, vorwiegend durch Schenkung, in den Besitz mehrerer Sammlungen aus Westindien gekommen. Sie sind noch nicht wissenschaftlich ausgewertet, sondern nur registriert, und eine sorgfältige Prüfung steht in vielen Fällen noch aus.

Der grösste Bestand stammt laut Katalog von Trinidad. Diese südlichste Insel der Kleinen Antillen befindet sich auf dem Schelf der Nordküste Südamerikas, vor dem Orinoco-Delta, und bildet mit dem benachbarten Tobago den Staat «Trinidad und Tobago». Sie bietet ideale Lebensbedingungen. Der Boden ist fruchtbar, Berge und Ebenen verfügen über eine reiche Tierwelt südamerikanischer Prägung, und das Meer ist reich an Fischen, Mollusken und Crustaceen. Mit Südamerika besteht Sichtverbindung, und gute Anlegeplätze für Boote erleichterten auch in früheren Zeiten den Verkehr mit dem Festland.

Kolumbus erblickte Trinidad 1498 auf seiner dritten Reise und benannte es nach der Heiligen Trinität. Er sah, dass die Insel bewohnt und bebaut war und beobachtete «ziegenartige Tiere», bei denen es sich wohl um Spiesshirsche (*Mazama americana trinitatis*, J. A. Allen, 1915) handelte. Er begegnete auch einem Kanu mit einer Besatzung von 80 Personen, die mit Pfeil und Bogen und Schilden ausgerüstet waren. Ob es sich dabei um Einheimische oder um Besucher aus Südamerika handelte, ist unbekannt. Laut Las Casas, der über seither verlorene Dokumente von der dritten Kolumbus-Reise verfügt haben soll, wurden an der Küste Fischereigeräte gesichtet. Nach Walter Raleigh gab es in Trinidad fünf «Nationen»: Iaio, Ameco (Aruak), Salvagay (Saliva), Nepoio und Carinepagoto. Am Ende des 17. Jahrhunderts soll es auf Trinidad 15 indianische

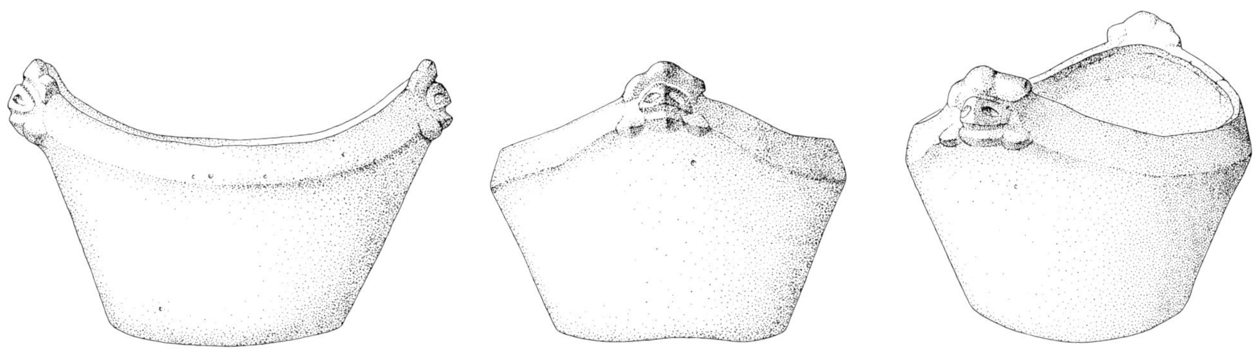

«Bootförmige» Schale. B. 12,1 cm. Dominikanische Republik, Boca Chica. IVc 6328.

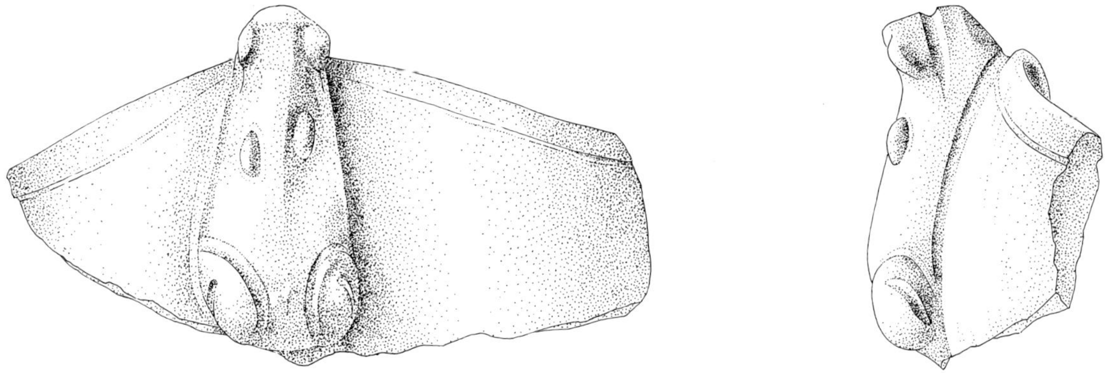

Randscherbe mit Knubbe
(Pekari, Nabelschwein?).
B. 13,0 cm. Trinidad, Erin.
IVc 5273.

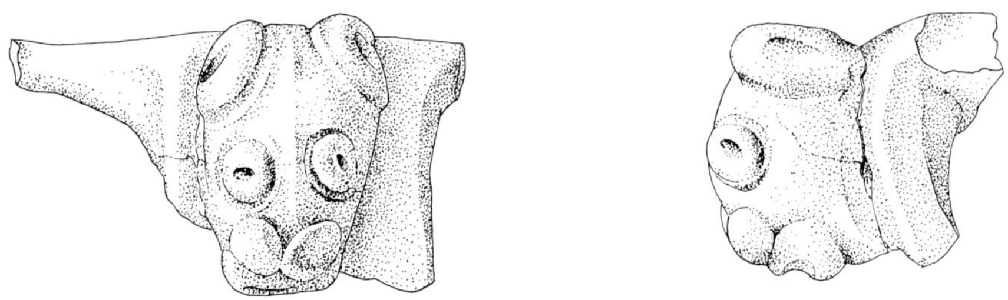

Randscherbe mit Knubbe
(Aguti, Goldhase?).
B. 7,5 cm. Trinidad,
Palo Seco. IVc 5031.

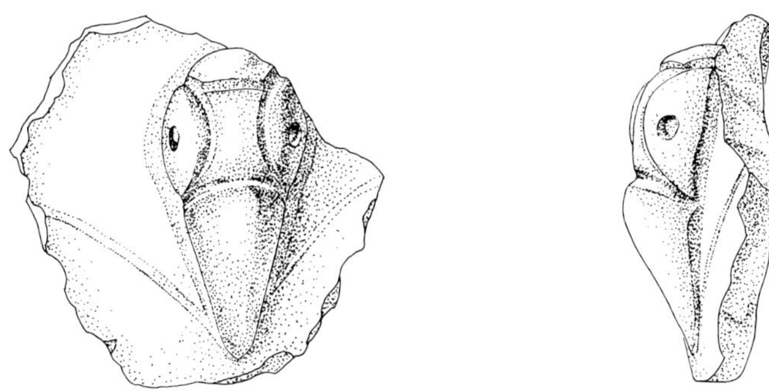

Wandscherbe mit
Knubbe. B. 5,9 cm.
Trinidad, Erin. IVc 5276.

Siedlungen gegeben haben, 1783 wurden 2032 indianische Einwohner gezählt, 1797, als die Insel an England ging, 1082 und 1831 726. Zu Beginn unseres Jahrhunderts lebten noch ungefähr 200 Menschen mehr oder weniger indianischer Abstammung im Gebiet von Arima.
Bei den archäologischen Beständen von Trinidad, die sich in Basel befinden, handelt es sich um die Sammlung mit der Einlaufnummer 120, dem Einlaufjahr 1925 und den Katalognummern IVc 4095, IVc 4096 und IVc 5395–5558, Herkunft Cedros, und die Sammlung 268/1926/IVc 6762–81, Herkunft von IVc 6762–74 Südküste und von IVc 6775–81 Apex-Ölfeld, Fyzabad, beide geschenkt von Dr. H. G. Kugler; um die Sammlung 173/1936/IVc 4884–936 von Mayaro, IVc 5012–260 von Palo Seco, IVc 5261–313 und IVc 5320 von Erin, IVc 5321–29 und IVc 5339 von Rio Claro, Tamana Hill, Ostabeite, Port-of-Spain, Pointe-à-Pierre, Oropouche und Cat's Hill, Moruga, und die Sammlung 241/1948/IVc 6445 von Tobago und IVc 6446–63 von Trinidad, geschenkt von der Gattin Dr. H. G. Kuglers; und um die Sammlung 267/1907/IVc 6756–61 von Tobago, geschenkt von Missionar M. Richards. Es handelt sich vorwiegend um Scherben von Tongefässen, meistens Randscherben mit modellierten und/oder eingeritzten Verzierungen. Bei den plastischen Verzierungen handelt es sich oft um Knubben. Neben groben gibt es auch dünnere Scherben, die fein gemagert, sorgfältig geglättet und beige oder rötlich, gelegentlich auch schwärzlich gebrannt sind. Auf einigen erkennt man Reste von rotem oder weisslichem Schlicker, und es gibt auch Exemplare, die rot und weiss bemalt sind. Dazu kommen Steingeräte, vor allem geschliffene Beilklingen und Klopfsteine, beilar-

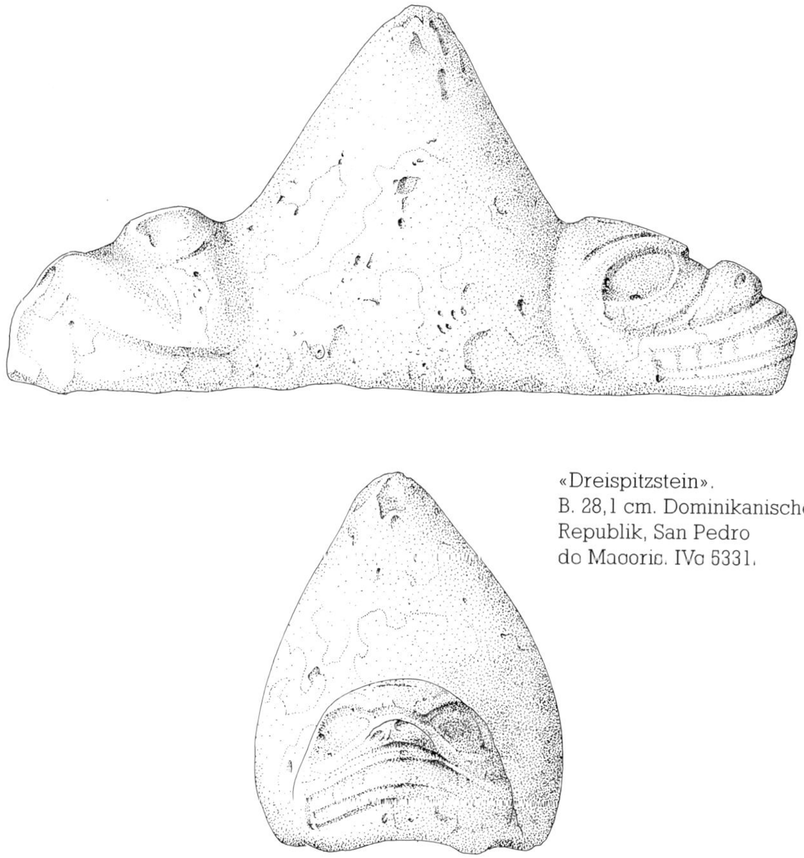

«Dreispitzstein».
B. 28,1 cm. Dominikanische Republik, San Pedro de Macoris. IVc 5331.

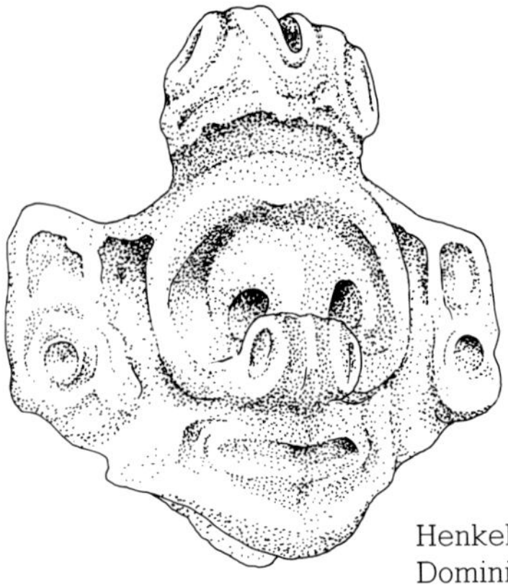

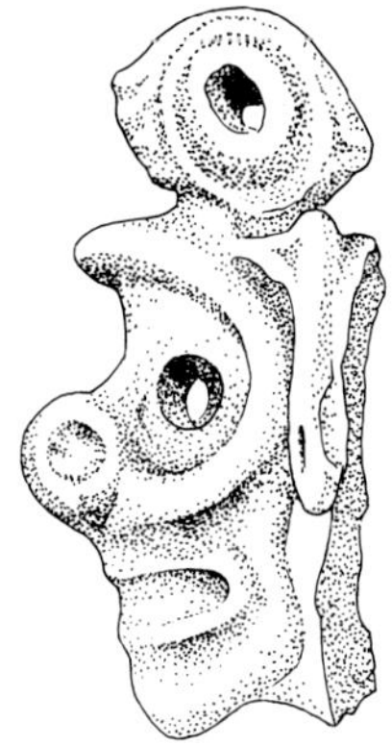

Henkel. B. 6,5 cm. Dominikanische Republik, Constanza. IVc 6342.

tige Geräte aus Molluskenschale und einige Knochen.

Die meisten Funde von Trinidad stammen aus indianischen Abfallhaufen («kitchen midden»), die zu einem grossen Teil aus Molluskenschalen bestehen. Solche Haufen gibt es vor allem an der Ost- und der Südküste, einige wenige auch weiter landeinwärts. Ein grosser Haufen, bekannt unter dem Namen «Tcip-tcip Hill», befindet sich unweit der Küste in Erin, einer Siedlung im Distrikt Cedros. Er bedeckt mehrere acres (1A = 4046 m^2) und wird als «recht hoch» beschrieben. Die Engländer errichteten auf ihm Regierungsgebäude und eine Polizeistation. I. W. Fewkes, der Trinidad im Auftrag des Bureau of American Ethnology und des Heye Museum, New York, besuchte, erhielt 1912 eine Grabungserlaubnis für den zum Kronland gehörigen Teil des Hügels. Dort hatten sich früher schon zwei Ausgräber betätigt, nämlich Collens, dessen Sammlung ins Victoria Institute in Port-of-Spain kam und sowohl in J. H. Collens' «A Guide to Trinidad», London 1888, als auch in Fewkes'

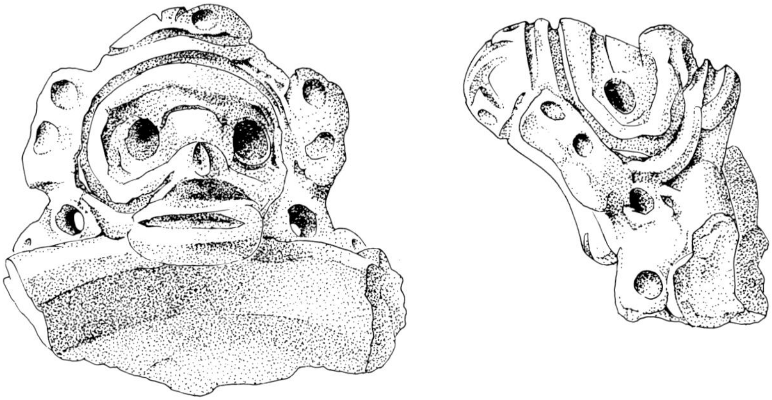

Randscherbe mit Henkel. B. 7,1 cm. Dominikanische Republik, Constanza. IVc 6347.

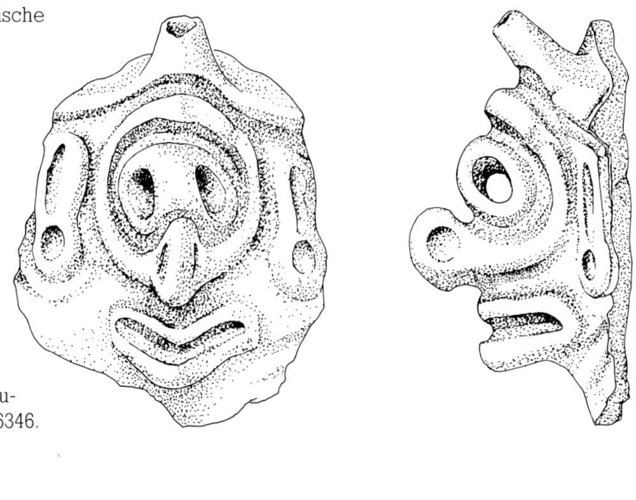

Henkel. B. 5,6 cm. Dominikanische Republik, Constanza. IVc 6346.

Randscherbe mit Griff.
B. 6,4 cm. Dominikanische
Republik, Constanza.
IVc 6350.

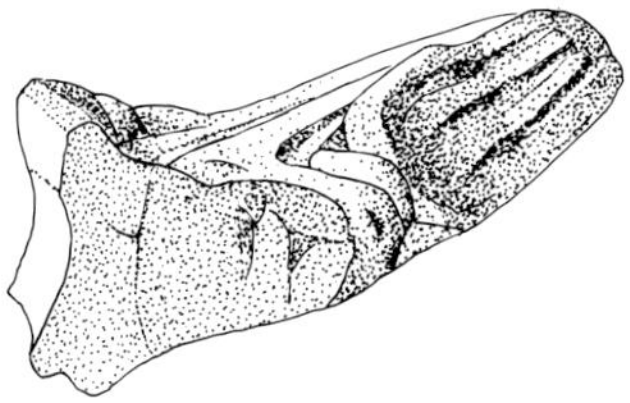

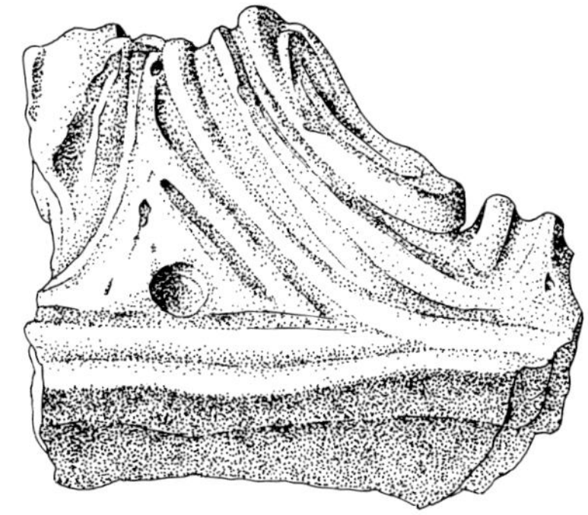

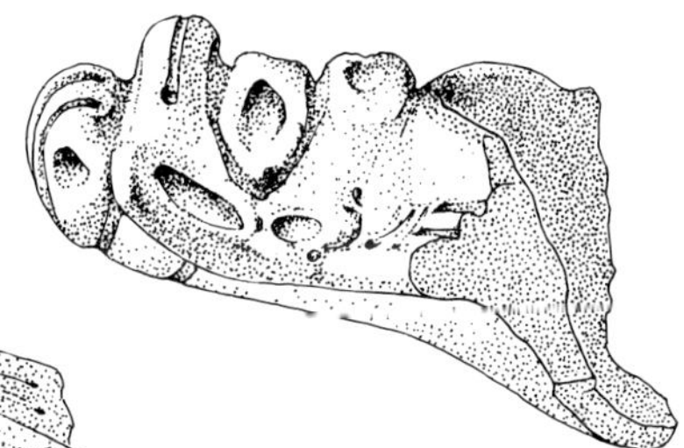

Randscherbe mit Griff.
B. 9,5 cm. Dominikanische
Republik, Constanza.
IVc 6364.

«Aborigines of Porto Rico» (15. AR des BAE) abgebildet wurde, und Reverend Thomas Huckerby, dessen wenige Funde ins Heye Museum in New York gelangten.

Fewkes beschrieb den «Tcip-tcip Hill» als stark bewachsen, z. T. sogar mit Kokospalmen und Bananenstauden bestanden. Eine Quelle in der Nähe soll 1498 von Kolumbus benützt worden sein. Über die Grabung, die vor allem Tonscherben mit plastischen und/oder eingeritzten Verzierungen zutage förderte, publizierte er einen Bericht (AA 1914, 16,2).

In Palo Seco führte J. A. Bullbrook 1919 eine Grabung durch. Die Funde kamen ins British Museum in London. Der zugehörige Report wurde 1953 auf Anregung von I. Rouse hin publiziert: «On the Excavation of a Shell Mound at Palo Seco», YUPA no. 50. Vom gleichen Autor gibt es in der Bibliothek des Basler Völkerkundemuseums ein Maschinenschrift-Manuskript von 1963: «History of the Discoveries and Examinations of Aboriginal Sites in Trinidad, W.I.», mit einer Liste der bis dato bekannten 65 Fundstellen auf Trinidad und Tobago. Darunter befinden sich Oropouche und Fyzabad an der Westküste, Cedros, Erin, Palo Seco und Moruga an der Südküste, Mayaro und Rio Claro an der Ostküste.

Zu den Sammlungen des Ehepaares Kugler noch einige Bemerkungen: Dr. H. G. Kugler war ein bedeutender Erdölgeologe und Förderer der geologischen und paläontologischen Wissenschaft. Sein Hauptarbeitsgebiet war Trinidad. Das von ihm aufgebaute Laboratorium in Pointe-à-Pierre genoss Weltruf. Es ist möglich, dass er selber im Distrikt Cedros eine Sondierung in einem Abfallhaufen durchgeführt hat. Im Einlaufbuch des Museums steht, dass die unter der Nummer 120/1925 eingetragenen Objekte von einer Grabstelle stammen. Tatsächlich befinden sich einige menschliche Knochen unter den Funden. Auf den Katalogkarten zu den einzelnen Objekten ist «Grabstelle» durch «Grabung» ersetzt. Bei der Sammlung 268/1926 von der Südküste und vom Apex-Ölfeld in Fyzabad handelt es sich dagegen wohl um Oberflächenfunde. In den folgenden Jahren scheint sich vor allem Dr. Kuglers Gattin für Altertümer interessiert zu haben. Die zahlreichen Objekte mit der Herkunftsangabe «Palo Seco, Muschelhaufen», «Erin» und «Mayaro» dürften ebenfalls durch Grabungen zutage gebracht worden sein. Ein «Schnupfschälchen» mit der

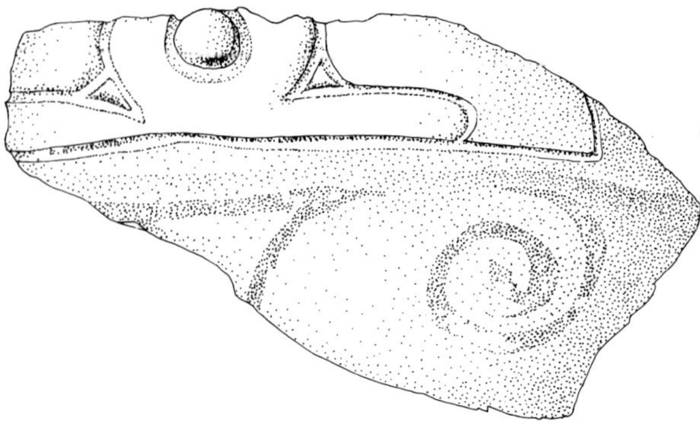

Wandscherbe mit rot gemaltem und mit eingeritztem und rot ausgemaltem Dekor. B. 11,8 cm. Trinidad. IVc 6352.

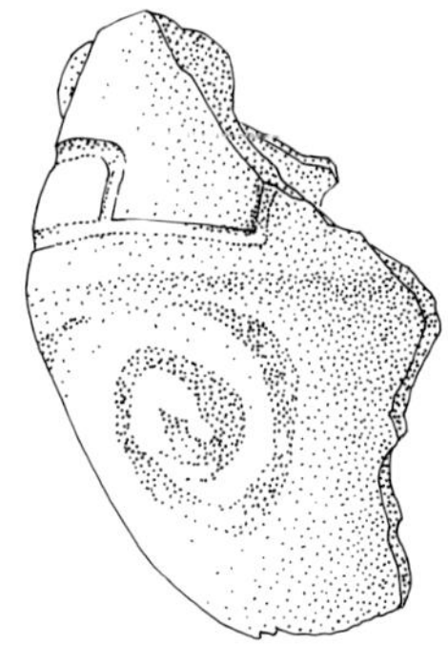

Wandscherbe. Weiss auf rot bemalt. B. 6,4 cm. Trinidad, Cedros. IVc 5401.

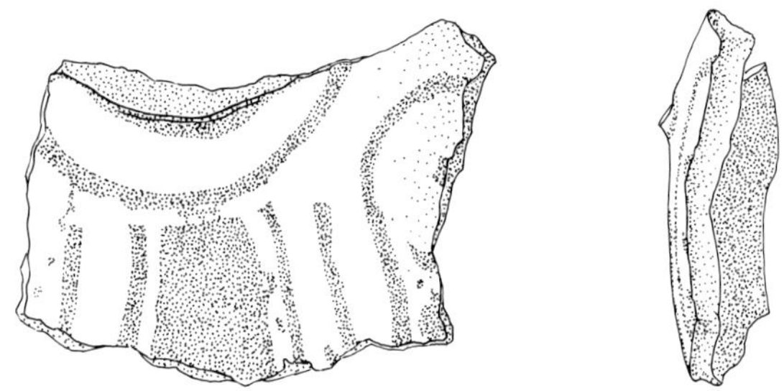

einfachen Herkunftsangabe «Trinidad» kommt wohl aus dem Antiquitätenhandel.

Von der ebenfalls zu den Kleinen Antillen zählenden Insel Grenada stammt ein geschliffenes Steinbeil mit der Nummer IVc 6444. Es gehört zu der von Frau Kugler geschenkten Sammlung 241/1948.

Von Barbados schliesslich, der östlichsten Insel der Kleinen Antillen, stammen 10 beilartige Geräte aus Molluskenschale. Sie wurden aus der Sammlung Umlauff, Hamburg, käuflich erworben und unter 266/1905/IVc 6746–55 registriert. Wahrscheinlich wählten die dortigen Indianer das Material aus Mangel an geeignetem Gestein. Wie erwähnt, befinden sich einige entsprechende Geräte aber auch in den Beständen aus Trinidad.

Weitere Sammlungen sind von der zu den Grossen Antillen gehörenden Insel Haiti oder, wie der Name früher lautete, Santo Domingo, nach Basel gelangt. Kolumbus «entdeckte» die Insel 1492 auf seiner ersten Reise und taufte sie Hispaniola. 1496 wurde auf ihr die erste spanische Niederlassung in Amerika gegründet. Die Indianer wurden bis 1535 fast völlig ausgerottet. Man ersetzte sie durch afrikanische Sklaven. Politisch ist die Insel heute zweigeteilt in die Republik Haiti im Westen und die Dominikanische Republik im Osten. Sie ist gebirgig, reich an Flüssen und Seen, und mit einer üppigen Vegetation versehen. Die Fauna ist dagegen, wenn man von Vögeln, Fischen, Echsen *(Iguana)* und Schildkröten absieht, eher dürftig. In vorkolumbischer Zeit war der Goldhase (Aguti) das grösste Säugetier auf der Insel.

Rudolf Iselin, dem Basel auch präkolumbische Objekte anderer Provenienz verdankt, schenkte dem Museum die Kollektionen 109/1922 mit den Nummern IVc 2851–58 und 169/1935/IVc 4856–80, mit Herkunftsangabe Haiti, Santo Domingo (was wohl dem Gebiet der Dominikanischen Republik entspricht) und San Pedro de Macoris, und die Sammlung 174/1936/ IVc 5331–38 von San Pedro de Macoris. Sie enthalten neben Tonscherben mit plastischen und/oder eingeritzten Verzierungen auch zwei ganze Tonschalen und einen «Dreispitzstein», der von den Indianern laut Ramon Pane, einem mit Kolumbus gereisten Geistlichen, möglicherweise mit der Fruchtbarkeit der Yukka-Pflanze in Beziehung gebracht wurde. Eine weitere umfangreiche Sammlung, 240/1948/IVc 6297–405, wurde dem Museum vom Ethnographen und Forschungsreisenden Paul Wirz geschenkt. Sie stammt aus Constanza, Jarabocoa und Boca Chica und enthält neben verzierten Tonscherben und ganzen Gefässen auch viele Steinbeile, Pistille und Reibsteine oder Steinsitze.

Vier weitere Objekte, 297/1951/IVc 6791–92 und 334/1956/IVc 8706-07 von «Haiti», drei davon schöne spitznackige Beile, sind ein Geschenk von Schwester L. Häussler, Hombrechtikon.

Von den Antillen stammt wahrscheinlich auch ein runder Stein mit anthropomorphem Relief, 189/1938/IVc 5394, der dem Museum von Fräulein M. Massini vermacht wurde.

Zwischen den Tonscherben von Trinidad und denen von Haiti-Santo Domingo bestehen viele Ähnlichkeiten. Vor allem sind sie häufig plastisch, mit grotesken Köpfen oder Gesichtern, oder mit eingeritzten Linien, manchmal auch mit beidem verziert. Bei den Scherben von Haiti-Santo Domingo herrschen aber anthropomorphe Formen vor, während auf Trinidad eher auf die Gestalt von Vögeln, Lurchen, Reptilien oder Schildkröten zurückgegriffen wurde. Auch findet man nur auf Scherben von Haiti-Santo Domingo am Ende von eingeritzten Linien oder wenig entfernt davon kleine Einstiche, die offenbar mit dem gleichen Arbeitsgerät angebracht wurden wie die Ritzungen. Diese Merkmale fielen auch I. W. Fewkes bei dem ihm vorliegenden Material auf.

Bernhard Gardi

330 Milliarden Dollar für Afrika?

Der unfreiwillige Beitrag Afrikas zur Erschliessung Amerikas

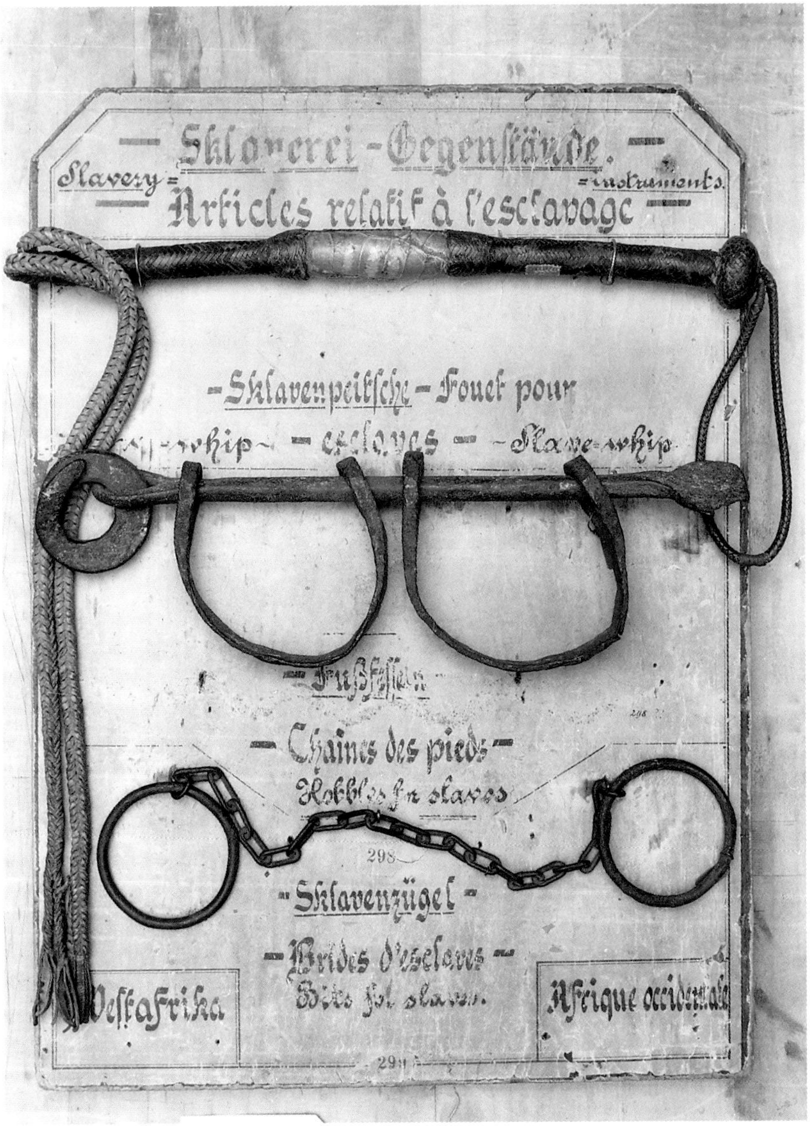

Sklavenpeitsche, Fusseisen und Handfesseln von der Guineaküste. Ausstellungsobjekte der Basler Mission, 1888.

Am 19.8.1991 druckte das Hamburger Magazin *Der Spiegel* eine zugleich verblüffende und brisante Meldung: «Um Not und Elend in Afrika zu lindern», heisst es da, «machte Ibrahim Babangida, der Präsident von Nigeria, in einem Brief an die Organisation Afrikanischer Einheit (OAU) den folgenden Vorschlag: 'Die Afrikaner wurden gefangen, in Ketten gelegt und über den Atlantik transportiert, um dort das Vermögen ihrer Entführer zu vergrössern. Das Chaos des Sklavenhandels hat Afrika um Jahrhunderte in seiner Entwicklung zurückgeworfen.' Dafür müssten jetzt die damaligen Nutzniesser zahlen. Als Mass für ein afrikanisches Menschenleben nimmt der Nigerianer 30000 Dollar. Soviel hätten die USA an jene Japaner gezahlt, die während des Zweiten Weltkriegs von den Amerikanern interniert worden waren. Die Summe, die die OAU von den grössten Sklavenhalternationen, USA und Holland, zu erwarten hätten, ist nicht gering: 330 Milliarden Dollar, sofern die Schätzung stimmt, dass im grössten Menschenhandel der Geschichte elf Millionen Afrikaner als Sklaven verkauft wurden.»

Ist die Forderung berechtigt? Wenn ja, müssten dann nicht auch Zins und Zinseszinsen mit einberechnet werden? Wie weit zurück soll oder muss Schuld anerkannt werden? Und welche Forderungen hätten dann die Indianer zu stellen, deren Vorfahren durch den Kontakt mit Europa zu Millionen starben?

Es ist sehr wohl möglich, dass uns solche und ähnliche Fragen in Zukunft noch sehr konkret beschäftigen werden, denn schliesslich hat Europa in seinem Expansionsdrang und in der Verbreitung seines kapitalistischen Wirtschaftssystems die Welt in einer Art und Weise aus den Angeln gehoben, wie das zuvor in der Weltgeschichte nie geschehen ist. Europa ist dabei Sieger geblieben. Es ist nur normal, dass der Blickwinkel der Besiegten nicht mit demjenigen des Siegers übereinstimmt.

Wir wollen uns hier vorerst an die beiden zentralen Aussagen halten – «11 Millionen Menschen» und «Chaos» –, um danach einen allgemeinen Blick auf die Ausgangssituation des Sklavenhandels zu werfen. Afrika soll dabei im Mittelpunkt stehen. Ausführliche Erörterungen werden aufgrund der Komplexität des Gegenstandes nicht möglich sein. Schließlich geht es um 400 Jahre Weltgeschichte, um eine Zeitspanne, während der Zehntausende von Schiffen, finanziert mit europäischem Kapital, von Afrika aus gegen Westen auf die eine Seite des Atlantiks segelten, um dann mit Gütern vollbeladen in östlicher Richtung nach Europa zu fahren, bevor wieder nach Afrika aufgebrochen wurde.

Die Zahl

In den letzten 25 Jahren sind zahlreiche Untersuchungen über den atlantischen Sklavenhandel erschienen. Diese Fülle an Literatur ist ein Resultat der amerikanischen Bürgerrechtsbewegung der sechziger Jahre, die wiederum im Zusammenhang mit der Unabhängigkeit der afrikanischen Staaten zu sehen ist, die die meisten 1960 erlangten. Andererseits hängt diese Fachliteratur mit einem einzigen Buch zusammen, das der Historiker Philip D. Curtin 1969 publizierte. Curtin hatte erstmals versucht, an Hand von Archivmaterial die Zahl der in der Neuen Welt angekommenen Sklaven zu eruieren. Zwar weiss auch heute niemand, wie viele Afrikaner im Laufe der Jahrhunderte über

den Atlantik verschickt worden sind, wie viele unterwegs starben und wie viele wann und wo gelandet wurden. Durch Curtins bahnbrechende Arbeit besitzen wir aber akzeptable Unterlagen, die uns erlauben, ein in seinen Tendenzen korrektes Gesamtbild zu sehen.
Curtin kommt für die Zeit von 1451 bis 1870 auf eine Zahl von 9,516 Millionen Afrikanern, wobei er grundsätzlich eine zwanzigprozentige Fehlerquote in Rechnung stellt. Diese Zahl liegt deutlich unter den 14 bis 15 Millionen, die zuvor während Jahrzehnten als geschätztes Minimum angenommen worden waren. Die Arbeit Curtins hatte aber auch zur Folge, dass weitere Historiker seine Zahlen überprüften. Dabei stiessen sie auf noch unbekanntes Material, vor allem für die Zeit des 19. Jahrhunderts, und so wurden Curtins 9,516 Millionen leicht nach oben auf 9,8 Millionen revidiert. Auch in dieser Zahl steckt noch eine mögliche zwanzigprozentige Fehlerquote.
So viele Afrikaner sollen in der Neuen Welt angekommen sein. Wie viele starben aber während der «Middle Passage», dem grauenhaften Transport über den südlichen Atlantik? Auch hier haben die Historiker mit Hilfe von Statistiken versucht, die Zahl zu eruieren. In den Jahren vor 1700 betrug die Sterberate auf den Schiffen bis zu 20 %, im 18. Jahrhundert bis zu 15 % und im 19. Jahrhundert bis zu 10 %. Dadurch wird die Zahl der Afrikaner, die Afrika verliessen, deutlich höher, und man kommt auf eine Gesamtzahl von 11,7 Millionen.
Eine andere Berechnung, die von nigerianischen Historikern angestellt und von westlichen Historikern kritisiert wurde, kommt – wie die früheren Schätzungen aus dem 19. Jahrhundert – auf eine Gesamtzahl von rund 15 Millionen. Auch diese Zahl kann richtig sein.
Letztlich kommt jedoch bei diesem Ausmass an menschlichem Elend einer möglichst genauen Zahl nur eine untergeordnete Rolle zu. Der nigerianische Staatspräsident Babangida hat aber sicher nicht übertrieben; er war gut informiert.
Wir sind heute daran gewöhnt, grosse Zahlen zu hören. So soll die deutsche Vereinigung so und so viele Milliarden kosten, diese oder jene Grossbank erwirtschaftete so und so viele Millionen, usw. Bei den 11,7 Millionen handelt es sich aber um Menschen und nicht um Franken. Es geht um Einzelschicksale: 11,7 Millionen Menschen wurden mit Gewalt weggebracht, transportiert, geschunden, gequält, wie Vieh behandelt und verkauft. Der transatlantische Sklavenhandel ist mit Sicherheit die grösste Zwangsemigration der Weltgeschichte.
Das riesige Zahlenmaterial, das Curtin zusammengetragen hat, lässt sich aufschlüsseln und interpretieren.
Welches waren die wichtigsten Sklavenhandelsnationen?
Im Verlauf des 18. Jahrhunderts, auf dem Höhepunkt des Handels also, waren das
1. England (mit einem Anteil von 41,3 %),
2. Portugal (29,3 %),
3. Frankreich (19,2 %),
4. Holland (5,7 %),
5. Britisch Nordamerika/USA (3,2 %),
6. Dänemark (1,2 %),
7. Schweden und Brandenburg (0,1 %).

Praktisch alle europäischen Seefahrernationen waren vertreten, mit den nennenswerten Ausnahmen Italien und Spanien. Die Reeder des nördlichen Europa befanden sich in Liverpool, London und Bristol bzw. in Nantes, Bordeaux, La Rochelle und Le Havre.

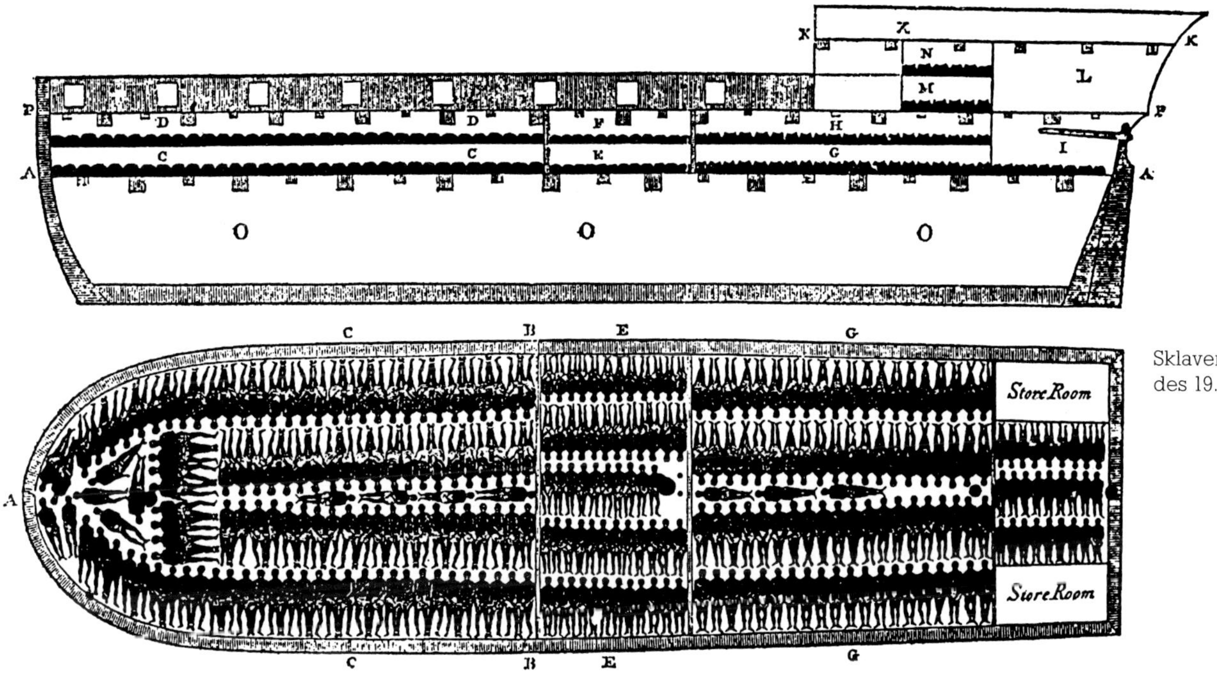

Sklaventransport, Anfang des 19. Jahrhunderts.

In welchen Jahrhunderten wurden die meisten Sklaven exportiert?
In der Periode vor 1600 waren es 3,1 %, im 17. Jahrhundert 16 % und im 18. Jahrhundert 52,4 %. Im 19. Jahrhundert wurden noch 3,3 Millionen Sklaven oder 28,5 % der Gesamtzahl exportiert – in jenem Jahrhundert also, in dem der Sklavenhandel verboten wurde. Ein erstes Verbot erliessen England und die USA in den Jahren 1807/1808. Frankreich tolerierte den Handel bis 1848, während Brasilien erst 1851 und Spanien sogar erst 1862 entsprechende Gesetze erliessen. Es brauchte lange Jahre, um diesen Handel mit Menschen, der ja die drei Kontinente Europa, Nord- und Südamerika miteinander verflocht, zu unterbinden. Auf dem Höhepunkt des transatlantischen Sklavenhandels (1713–1840) wurden jährlich über 40 000 Afrikaner an amerikanische Sklavenhalter verkauft, und für die Zeit von 1741 bis 1810 waren es sogar über 60 000 pro Jahr. Diese erschreckend hohen Zahlen verbergen eine Tatsache, die den meisten Europäern sicher nicht bewusst ist: Bis 1820 kamen für jeden Europäer rund vier, vielleicht sogar fünf Afrikaner in die Neue Welt. Die europäischen Einwanderer stellten dabei nur in wenigen Regionen die Mehrheit, so in den USA, wo 1820 den rund 651 000 Europäern etwa 550 000 Afrikaner gegenüberstanden. Die ganze Karibik aber wie auch weite Teile Lateinamerikas waren Anfang des 19. Jahrhunderts mehr oder weniger eine Erweiterung Afrikas.
In welchen Gebieten Afrikas wurden die Sklaven gekauft?
In zeitlicher Folge, entsprechend der Erschliessung der Küsten durch die Sklavenhändler, sind das:

1. Senegambien (Senegal, Gambia und Teile von Guinea Bissau), das anfangs eine wichtige Rolle spielte, dann aber an Bedeutung verlor;
2. die Küste um die Zaïre-Mündung (heutiges Angola inklusive Cabinda, Zaïre und Kongo), von der über vier Jahrhunderte hinweg mehr als ein Drittel aller Sklaven stammten;
3. vom 16. bis ins 19. Jahrhundert hinein die Bucht von Benin (heutiges westliches Nigeria), von wo rund ein Fünftel aller Sklaven kamen;
4. die Goldküste (heutiges Ghana) sowie
5. die Bucht von Biafra (heutiges östliches Nigeria).

Diese beiden letzten Regionen stellten rund ein Viertel aller Sklaven. Die Ostküste Afrikas, im besonderen Mozambik, geriet erst Anfang des 19. Jahrhunderts ins Netz der Sklavenhändler, als die englische Antisklaverei-Politik in Westafrika erste Erfolge zeitigte. An die Ostküste Afrikas wurde aber auch deshalb erst so spät ausgewichen, weil von hier aus die Fahrt nach Brasilien im Durchschnitt 60 Tage dauerte (gegenüber von nur 30 Tagen von Westafrika aus) und weil in gewissen Jahreszeiten schwere Stürme die Schiffahrt erschwerten.

Aus welchen Teilen Afrikas wurden die Sklaven verschleppt?

Auch wenn der Hafen bekannt ist, aus welchem ein Sklavenschiff ausgelaufen ist, weiss man noch nicht, woher die 250 bis 350 bedauernswerten Individuen stammten, die jeweils eine Schiffsladung bildeten. Es gibt Belege, dass in Westafrika vor allem ein 200 km breiter Landstrich entlang der Küste direkt vom Sklavenhandel betroffen war. Während der langen Jahre der Abolition (Aufhebung der Sklaverei) fingen britische und amerikanische Kriegsschiffe Sklavenschiffe auf dem Atlantik ab und brachten die Sklaven zurück nach Afrika. Da es nicht möglich war, alle Afrikaner zurück in ihre Heimat zu bringen, wurden viele von ihnen nach Sierra Leone gebracht (das gilt vor allem für die britischen Schiffe; amerikanische setzten die Sklaven in Liberia aus). Glücklicherweise für die Geschichtsschreibung wurden in Freetown, der Hauptstadt von Sierra Leone, solche zurückgebrachten Sklaven von einem Missionar befragt. Seine ausführliche Liste, die zwischen 1840 und 1850 entstand, erfasste Sklaven aus 160 Sprachgebieten. Die meisten stammten aus küstennahen Gebieten, doch gab es auch solche, deren Dörfer im weiten Hinterland von Mali, Niger, Tschad und Kamerun lagen.

In welche Regionen wurden die Sklaven verschleppt?

Nur vergleichsweise wenige Afrikaner gelangten in die europäischen Metropolen (ca. 0,5 %). Hauptabnehmer waren die karibischen Inseln sowie Brasilien. Nach Brasilien allein wurden über ein Drittel (38 %) aller Sklaven verkauft. Nach Kuba gelangten rund 7 % und nach Haiti 9 %. Die Plantagensklaverei war auf die Produktion von Exportgütern ausgerichtet. In erster Linie waren das Zucker, der lange Zeit den höchsten Profit versprach, dann aber auch Indigo, Kaffee, Baumwolle und Tabak. Das nötige Kapital stammte nur am Anfang aus Portugal und Spanien. Vom 17. Jahrhundert an dominierten England, Frankreich und Holland.

Das Territorium der heutigen USA nahm knapp 7 % aller Sklaven auf.

Chaos

«Indem sie sich wieder gegen das Meer hin aufmachten, erblickten sie nach kurzem Weg einen Mann, der hinter einem Kamel herging und zwei Speere in der Hand trug. Als die Unseren jenen nun verfolgten, da gab es keinen unter ihnen, der seine grosse Müdigkeit noch gefühlt hätte ... Alfonso Guterres verletzte ihn mit einer Lanze, und weil durch diese Verwundung den Mauren Furcht befiel, warf er besiegt die Waffen von sich.»

Diese kurze Beschreibung eines Menschenfanges an der mauretanischen Küste geht auf das Jahr 1441 zurück. Noch handelt es sich um eine Anekdote aus der Anfangszeit der Fahrten entlang der westafrikanischen Küste. Die portugiesischen Kapitäne mussten Beweise nach Hause bringen, dass sie «dort» gewesen waren. Dieser Menschenraub war noch nicht mit dem Ziel einer Versklavung verbunden. Vielmehr fuhren solche gefangenen Menschen später wieder mit den Portugiesen als Übersetzer nach Afrika.

Wenn die Portugiesen im obigen Zitat auch in der Überzahl waren, wurde der Mann doch immerhin in einem direkten Kampf gefangen. Das sollte sich allerdings sehr rasch ändern: Bald tauschten die Portugiesen bei afrikanischen Häuptlingen und Königen ihre Waren gegen Menschen. So etwa im Königreich Benin: Gegen Kupferpfannen und -armreifen erhielten sie Sklaven, die sie an der Goldküste gegen Gold eintauschten. Diese erste Stufe des Sklavenhandels zeigt zweierlei: Vor der Entdeckung Amerikas waren die Portugiesen am Erwerb von Sklaven nicht (oder nur wenig) interessiert. Ihre Aufmerksamkeit galt raren Gütern, mit denen in Europa ein Gewinn gemacht werden konnte – u.a. eben Gold. Es zeigt aber auch, dass von Anfang an auch Afrikaner am Verkauf (oder Tausch) von Sklaven beteiligt gewesen waren.

Genau dies wurde früher immer wieder von Sklavenhändlern und Sklavenhaltern zur Rechtfertigung vorgebracht.

Die Frage der Schuldzuweisung ist äusserst kompliziert. Anhand der Quellenlage lässt sie sich nur schlecht beantworten. Viele der frühen europäischen Berichte waren ja auch aus einer ganz bestimmten Interessenslage heraus geschrieben worden. Schon damals galt es, sich moralisch zu rechtfertigen und wirtschaftliche Daten, die auch der Konkurrenz hätten nützlich sein können, zu verschleiern. Und da Afrika die Schrift nicht kannte, besitzen wir auch keine afrikanischen Quellen.

Albert Wirz behandelt dieses Problem ausführlich.

Es kann davon ausgegangen werden, dass es in Afrika schon immer Sklaven gegeben hat, dass also Rechte über Menschen übertragen oder weitergegeben werden konnten. Nur, was bedeutet das schon? Auch in Europa gab es Sklaven. Man nannte sie Hörige, Vasallen, Leibeigene oder, je nachdem, einfach Bauern.

Das Problem liegt im Begriff «Sklaven», einem äusserst ungenauen Wort, das sich einer präzisen Definition entzieht. Je nach Gebiet und Zeit sah die Abhängigkeit der Menschen von ihren Landesfürsten unterschiedlich aus. Afrika hat ja auch Gesellschaftsordnungen hervorgebracht, die sich wesentlich von europäischen unterscheiden. Was dort ähnlich aussah, musste noch lange nicht mit einer europäischen Institution identisch sein. Ein Beispiel soll diesen Punkt illustrieren: Die Aschanti (Ghana) besassen fünf verschiedene Wörter, die alle eine ganz bestimmte Abhängigkeit wiedergaben, von denen aber keines mit dem europäischen Wort «Sklave» übereinstimmt. Diese Abhängigkeit bedeutete, in einem unterschiedlichen Ausmass jemandem zu gehören – aber auch, *zu* jemandem zu gehören. Und in der Sprachregelung jener Zeiten «gehörten» letztlich alle einem nächsthöher Gestellten, so wie auch diese wieder einem noch Höheren «gehörten». An der Spitze stand schliesslich der König – jedenfalls bei den Aschanti –, der einen mehr oder weniger sakralen Status besass. Doch auch die am tiefsten Stehenden – sofern sie keine Missetaten oder Verbrechen begangen hatten – besassen mehr Rechte und Freiheiten, als die von den Europäern auf die karibischen Zuckerrohrplantagen verfrachteten Afrikaner. So bedeutete Sklaverei in Afrika nicht automatisch Aussenseitertum, und sie bedeutete in den meisten Fällen auch nicht kulturelle Verfremdung. Ein Sklave in Afrika war nicht bloss eine Sache, ein Sachwert, eine Investition. Er blieb Mensch, wenn vielleicht auch ein armer.

Das vom nigerianischen Staatspräsidenten Ibrahima Babangida angesprochene Chaos, das Afrika um Jahrhunderte in seiner Entwicklung zurückgeworfen habe, wird verschieden interpretiert. So gehen westliche Historiker davon aus, dass es trotz der hohen Zahl an ausgeschifften Menschen – und auch trotz der hohen Zahl der auf dem Marsch an die Küsten verstorbenen Sklaven – zu keinem Nettoverlust innerhalb einer Gesamtregion gekommen sei. Das heisst, der Menschenexport war nie grösser als die natürliche Reproduktionsrate. Dieser kalten statistischen Berechnung ist jedoch entgegenzuhalten, dass damit die Auswirkungen auf die afrikanischen Gesellschaften keineswegs erklärt werden; sie werden vielmehr heruntergespielt. Versklavung ist nicht in erster Linie eine Frage der Quantität, sondern der Qualität. Zumeist wurden junge Menschen als Sklaven bevorzugt, solche zwischen 18 und 25 Jahren, die dann innerhalb der Gemeinschaft als Hochzeitspartner entfielen. Es wird davon ausgegangen, dass im transatlantischen Sklavenhandel rund doppelt so viele Männer wie Frauen verschleppt wurden. Es liegt auf der Hand, dass dadurch die Sozialbeziehungen empfindlich gestört wurden. Daneben zerstörte der Menschenhandel ganz grundsätzlich Sitten und Moral, die Vertrauensgrundlagen des sozialen Lebens wurden massiv untergraben, Nachbarn wurden zu Feinden, und Macht und Herrschaft wurden korrumpiert. Der transatlantische Sklavenhandel hat im weiteren die Binnensklaverei verstärkt, und er förderte ganz entschieden die Abhängigkeit Afrikas von Europa.

Europa hatte in Afrika ein Gesellschaftssystem vorgefunden, das es aus Profitsucht zu seinen eigenen Vorteilen umbog. Es braucht kaum gesagt zu werden, dass bei weitem die meiste Schuld auf Europa fällt. Diese Schuld wird noch grösser, wenn man den transatlantischen Sklavenhandel der Europäer mit demjenigen der Araber vergleicht: der orientalische Sklavenhandel, um Jahrhunderte älter als der europäische, hat ebenfalls mehrere Millionen Afrikaner versklavt und verschleppt. Zahlen von ähnlicher Grössenordnung wie für Amerika werden genannt. Das Schicksal jener Menschen muss aber anders ausgesehen haben als in der Neuen Welt, so schrecklich es auch immer war. So wurden wohl doppelt so viele Frauen ausgeführt wie Männer. Das bedeutet auch, dass es oft zu Mischehen kam, deren Kinder einen freien Status erhielten – mit dem Resultat zumindest, dass sich die Sklaverei nicht über Generationen hinweg erstreckte. Heute gibt es im Orient keine afrikanischen Minoritäten; die Sklaven wurden absorbiert.

Kolumbus und Afrika

Dem Genuesen Kolumbus kommt das Verdienst zu, für Spanien – und damit Europa – Amerika gefunden zu haben. Das war nur möglich, weil Portugal zuvor während rund zwei Generationen entlang der westafrikanischen Küste die nötigen schiffahrtstechnischen Erfahrungen gesammelt hatte, die eine Fahrt über den Atlantik erst ermöglichten. Dazu gehörte beispielsweise die Umstellung des Dreiecksegels der Mittelmeerfahrer auf rechteckige Segel, die erst ein Kreuzen gegen den Wind erlaubten. Nur mit dem neuartigen Segeltypus konnten die portugiesischen Schiffe wieder in ihre Heimathafen zurückfinden. Ohne das Wissen um Afrika wäre eine Fahrt über den Atlantik zu jener Zeit nicht möglich gewesen. Vor seiner historischen Fahrt nach Amerika nahm Kolumbus übrigens als Kapitän in portugiesischen Diensten an einer Fahrt an die Guinea-Küste teil. Die an der afrikanischen Küste gemachten Erfahrungen dürften ihm geholfen haben, wagemutig nach Westen zu segeln, um Indien nicht mehr über eine Südostpassage anzusteuern.

Portugal hatte im 15. Jahrhundert bloss 1 bis 1,5 Millionen Einwohner. Entsprechend vorsichtig wurden die einzelnen Fahrten geplant und systematisch ausgewertet. Heinrich der Seefahrer (1394–1460) war wohl eine prägende Figur in seiner Zeit, doch wichtige Voraussetzungen für den portugiesischen «Sprung von Küste zu Küste», wie die rasant schnellen Erschliessungen weiter Teile der Welt genannt worden sind, wurden schon vor ihm geschaffen.

Ein wesentlicher Schritt war die Besiedlung Madeiras und der umliegenden Inseln in den Jahren 1418–1425. Madeira – uns in erster Linie durch dessen schweren Wein bekannt – sollte ab 1450 zu einem wichtigen Zuckerlieferanten werden. Nur wenige Jahre früher (1415) war das marokkanische Ceuta eingenommen worden, ein stark befestigter Ort gegenüber von Gibraltar. Auf diesem Feldzug war Heinrich der Seefahrer als junger Prinz dabei. Wenn Portugal aus der Eroberung von Ceuta auch nicht die wirtschaftlichen Vorteile ziehen konnte, die es erhofft hatte, so gelangte es doch zu wertvollem Wissen über die Gebiete der Sahara, die schwarzen Menschen südlich der Wüste sowie über die ungefähre Herkunft des Goldes, das mit Kamelkarawanen Nordafrika erreichte. «Guinea» hiess das güldene Zauberwort.

Noch früher, im 13. Jahrhundert, waren die Kanarischen Inseln neu entdeckt worden. Diese «Glücklichen Inseln», wie sie in der Antike geheissen hatten, wurden zwar vom Papst erst an Kastilien vergeben, später aber von Portugal kontrolliert.

1427–1432 wurden die Azoren (neun unbewohnte Inseln) entdeckt und besiedelt, und nur wenige Jahre später stiessen die portugiesischen Seefahrer auf die Kapverden, eine weitere unbewohnte Inselgruppe vor der Guinea-Küste.

Kanarische Inseln, Madeira, Azoren, Kapverden wie auch die Gabun vorgelagerte Insel Saô Thomé erlaubten es den Portugiesen, frisches Wasser, Fleisch und Gemüse aufzunehmen und dienten auch als wichtige Stapelplätze für Güter. Von den Kanarischen Inseln, die inzwischen spani-

scher Besitz geworden waren, stammte übrigens auch das erste Zuckerrohr, das in die Karibik gelangte. Kolumbus brachte es auf seiner zweiten Fahrt (1493) nach Santo Domingo. Es war dieses Zuckerrohr, das in der Neuen Welt so gut gedeihen sollte und für das all die Millionen von Sklaven verschifft wurden.
Auf dem afrikanischen Festland hingegen wurden Forts angelegt, zum Teil mit aus Europa mitgebrachten Ziegelsteinen. Das erste Fort, von dem wir Kenntnis haben, bauten die Portugiesen 1448 in Argim an der mauretanischen Küste. Es folgten weitere. Das bekannteste und berüchtigtste ist das 1482 erbaute Elmina in Ghana.

Auswirkungen

Sind die Auswirkungen des Sklavenhandels gesamthaft überblickbar? Ich bezweifle es.
Sklaven aus Afrika bauten auf karibischen Inseln Zuckerrohr an oder arbeiteten in Bergwerken. Weshalb eigentlich? Nun: weil Europäer sie dahin verschleppt hatten. Warum eigentlich? Nun: weil die Europäer diese schweren Arbeiten nicht selber verrichten wollten und weil die Indianer der Karibik-Inseln, deren ursprüngliche Zahl unterschiedlich auf 1 bis 7 Millionen geschätzt wird, innerhalb kürzester Zeit ausstarben. Warum eigentlich? Nun: weil die Indianer die von den Europäern eingeschleppten Krankheiten nicht ertrugen. Sie starben jedoch nicht nur an Keuchhusten oder Masern, sondern auch an tropischen Krankheiten, die neu aus Afrika eingeschleppt worden waren und denen im übrigen immer auch ein hoher Prozentsatz der europäischen Besatzungen erlagen. Noch um 1810 herum starben auf gewissen karibischen Inseln durchschnittlich 13 % der weissen englischen Soldaten an Fieber, gegenüber nur 6 % der Afrikaner. Damals war für die europäische Medizin die Ursache einer Krankheit nicht bekannt. In der Regel herrschte die Ansicht, in jenen heissen und feuchten Gebieten sei die Luft schlecht, und dies würde die Krankheit herbeiführen: schlechte Luft, *mal'aria*. Die Rede ist von Malaria, jener Tropenkrankheit, die von einer Stechmücke übertragen wird und die heute als eines der gravierendsten weltgesundheitlichen Probleme gilt.
In Afrika ist Malaria seit jeher eine endemische Krankheit. Das hatte zur Folge, dass die Afrikaner an diese Krankheit gewöhnt waren. Wer in Afrika als Kind Malaria überlebt, hat später eine grössere Chance, nicht mehr an ihr zu sterben. Eine Teilimmunität wurde erworben, und ein gewisser Prozentsatz der afrikanischen Bevölkerung verfügt sogar über eine genetisch vererbte Immunität.
Neben Malaria gehören auch Gelbfieber und gewisse Wurmerkrankungen zu den eingeschleppten Krankheiten.
Ibrahim Babangidas zu Anfang zitierten Ausführungen treffen also zu. Sie könnten sogar noch erweitert werden: das durch den Sklavenhandel verursachte Chaos hat nicht nur Afrika verändert, sondern auch in der Neuen Welt seine tiefen Spuren hinterlassen.

Ausgewählte Literatur

Urs Bitterli: Die Entdeckung des schwarzen Afrikaners. Versuch einer Geistesgeschichte der europäisch-afrikanischen Beziehungen an der Guineaküste im 17. und 18. Jahrhundert. Freiburg i. Br. 1970.

Philip A. Curtin: The Atlantic Slave Trade. A Census. The University of Wisconsin Press 1969.

Olaudah Equiano: Merkwürdige Lebensgeschichte des Sklaven Olaudah Equiano, von ihm selbst veröffentlicht im Jahre 1789. Herausgegeben von Paul Edwards. Aus dem Englischen übersetzt von Brigitte Wünnenberg. Frankfurt 1990.

Heinrich der Seefahrer oder Die Suche nach Indien. Eine Dokumentation mit Alvise da Cà da Mostos erstem Bericht über Westafrika und den Chroniken Zuraras und Barros' über den Infanten. Übertragen und herausgegeben von Gabriela Pögl und Rudolf Kroboth. Stuttgart 1989.

Albert Wirz: Sklaverei und kapitalistisches Weltsystem. Frankfurt 1984.

Annemarie Seiler-Baldinger

500 Jahre Kulturimport aus der Neuen Welt

Kolumbus auf dem Weg nach Amerika. Kolumbus: Epistola, Basel 1493.

1492–1992: Zwei alltägliche Szenarien

1492:
Der Morgen graut, die Hähne krähen. Der Gerber erhebt sich von seinem Strohsack und geht zur Messe. Glücklicherweise ruft die Messglocke bald zum «Früeimbiss». Seine Frau nimmt den Kessel vom Herd und schöpft ihm Ziegersuppe und Haferbrei. Der Gerber löffelt hungrig den Holzteller leer. Es ist kurz vor 6 Uhr. Auf dem Weg zur Gerbe kauft er sich beim Bäcker in der Brotlaube um die Ecke ein Roggenbrot, und dann geht es an die Arbeit. Endlich ist es 11 Uhr, Zeit für einen Imbiss. Es gibt das nationale Lieblingsgericht, Milchsuppe aus geronnener Milch und Hafermehl. Dazu wird Erbsenbrei und Mangoldgemüse gereicht und ausnahmsweise sogar ein Stück Schweinshaxe.
Der Nachmittag verspricht lang zu werden, und so steckt sich der Gerber einige gedörrte Rüben-, Birnen- und Apfelstücke ein. Zwischendurch muss er kurz den Schreiber aufsuchen, um sich ein Dokument anfertigen zu lassen. Der Schreiber sitzt vor seinem Eichenpult und führt den Auftrag sogleich aus. Zurück in der Gerberei verzehren der Gerber und seine Gehilfen das mitgebrachte Dörrobst. Schon läutet die Weinglocke den Feierabend ein. Der Gerber macht es sich in einer Kneipe mit Freunden bei Brot, Käse und Wein gemütlich. Letzterem spricht er über Gebühren zu, so dass er zu Hause gleich sein Strohbett aufsuchen muss.

1992:
Die heisse *Schokolade* zum Frühstück hat herrlich gemundet. Nun gönnt sich Gerber noch eine *Zigarette* und schwingt sich – trotz des sommerlichen Regengusses – mit einer *Pelerine* aufs *Fahrrad* (schliesslich ist man umweltbewusst). Der Morgen geht schnell vorbei, ausser einer Besprechung in dem mit *Mahagoni*-Möbeln altmodisch ausgestatteten Sitzungszimmer nichts von Belang. Mittagessen in der Kantine: *Truthahn-Schnitzel* mit *Kartoffel*gratin und *Tomaten*salat, zum Dessert *Ananas*, leider aus der Büchse.
Endlich Apéro-Zeit. Die Gäste naschen *Erd-* und *Cashewnüsse*, gesalzene *Sonnenblumen*kerne, *Pommes-chips* und *Paranüsse*. Frau A. hat netterweise einen Strauss *Dahlien* mitgebracht. Während die Kinder den *Kaugummi* (zum grossen Ärger derjenigen, die nachher daran kleben bleiben) unter die Tischplatte befördern, um sich auf *Popcorn* und *Coca-Cola* zu stürzen, genehmigen sich die Erwachsenen einen *Tequila* oder *Tomaten*saft mit einem Schuss *Tabasco*.
Im Garten wird das *Barbecue* vorbereitet. Zwischen den Fleischstücken werden *Peperoni-* und *Zucchini*scheiben aufgespiesst. Zarte *Maiskolben* rösten über der Glut. Der *Bohnen*salat wird mit *Avocado*schnitzen angereichert. Der Fruchtsalat aus *Papaya-* und *Ananas*würfeln (diesmal frisch) steht eisgekühlt bereit. Nach dem abschliessenden *Vanille*eis sinkt Gerber mit übervollem Bauch zum Verdauen in die *Hängematte*.

Zwischen diesen beiden Szenarien liegen nicht nur 500 Jahre, sondern auch die Aneignung zahlreicher Erfindungen, Errungenschaften und Kulturgüter der Bewohner einer für die Europäer total «neuen Welt». Die in Jahrtausenden erfolgte indianische Domestikation einer Fülle von Nahrungspflanzen (zur Domestikation geeignete Tiere gab es in Amerika nur wenige, z. B. Truthahn und Meerschweinchen) revolutionierte in wenigen Jahrhunderten

die Küche der gesamten alten Welt, also nicht nur Europas, sondern auch Afrikas und Asiens, ja sie bildet heute die Grundlage mancher sogenannter Nationalgerichte. Was dem Deutschschweizer seine Rösti, ist dem Tessiner seine Polenta, dem Spanier seine «gazpacho», dem Deutschen sein Kartoffelpüree, dem Ungarn sein Paprika, dem Franzosen seine «frites», dem Amerikaner sein «turkey», dem Italiener sein «sugo», dem Indonesier sein «sambal» und dem Afrikaner seine Erdnusspaste.
Doch verdanken wir den Indianern nicht nur eine enorme Bereicherung unseres Speisezettels (ca. 3/5 aller pflanzlichen Nahrungsmittel), sondern auch die «Drogen» Tabak und Kokain, den Kaugummi *(chicle)*, überhaupt die Verwendung des Rohstoffes Gummi zur Erzeugung einer Vielzahl von Produkten vom Autoreifen über den Regenmantel bis zur Schuhsohle, dem Fussball, Gartenschlauch und Präservativ.
Chemie und Medizin liessen sich vom Gebrauch der indianischen Färbe- und Heilpflanzen zur Synthetisierung zahlreicher Wirkstoffe anregen. Ohne die Chinarinde der Indianer, ohne Chinin, wäre eine wirksame Malariabekämpfung unmöglich gewesen, hätten weder der Suez- noch der Panamakanal, noch die berühmten Urwaldeisenbahnen in Brasilien zur Erschliessung der Rohgummivorkommen gebaut werden können. Noch bis vor wenigen Jahren wäre die Einleitung einer Operation ohne *Curare* undenkbar gewesen. Das Rot der Indianer, das ihnen den Namen «Rothäute» eintrug, nämlich das Orleanrot, verbreitete sich um die ganze Welt und wird heute als natürlicher und unschädlicher Farbstoff Margarine, Butter, Käse und Lippenstiften beigegeben. Aus der Wurzel von *Ipecac* werden Mittel gegen die Amöbendysenterie gewonnen.
In der Landwirtschaft dienen die südamerikanischen Fischgifte «barbasco» und «timbo», dank ihrem Rotenon-Gehalt (Benzolderivat) als für den Menschen unschädliche Insektizide, und der Guano, der Vogeldünger der Inka, stellte im 19. Jahrhundert eines der wichtigsten Exportprodukte Perus dar.
Schliesslich verdanken wir den Indianern auch Spiele wie Federball und Landhokkey und Errungenschaften wie Kanus, Kajaks, Toboggans, Anoraks, Schneeschuhe und Hängematten. Zum Teil wurden diese Produkte mitsamt ihren indianischen Namen in die europäischen Sprachen (besonders ins Spanische, Portugiesische und Englische) übernommen, zum Teil auch verballhornt oder mit den Bezeichnungen der Vermittler bedacht (siehe S. 46ff.).

Vermittler, Nutzniesser und Geprellte

«Man kann diese Neue Welt auch deshalb so nennen, weil sie in jeder Beziehung so voll Neuigkeiten ist», schrieb 1623 der Spanische Chronist Fray Pedro Simón aus Kolumbien. Tatsächlich hatte schon Kolumbus von seiner ersten Reise erstaunlich viel Neues zu berichten. Am 13. Oktober, also einen Tag nach seiner Landung, beschreibt er die indianischen Kanus, die er als Seefahrer bewundert: «eine Art schnelle Ruderboote ... äusserst kunstgerecht aus einem einzigen Baumstamm verfertigt ... die mit unglaublicher Geschwindigkeit vorwärts kommen». Am 15. Oktober erhält er Tabak als Geschenk, einen «Feuerbrand», mit dem die Indianer sich «ihren Gebräuchen gemäss beräuchern», und zwei Tage später lernt er die Hängematte, die «hamaca» kennen, als «Netze, in denen sie schliefen».

Am 23. November hört er erstmals von den «Kannibalen», von denen die mit ihnen verfeindeten Aruak behaupten, sie würden Menschen fressen, was Kolumbus allerdings nicht glaubte. In seinem unerschütterlichen Glauben, Asien erreicht zu haben, sah Kolumbus in den «Caniba nichts anderes ... als jenen Volksstamm des Grossen Kahns». In Anbetracht der späteren Diskussionen über die «Menschenfresserei», die selbst Völkerkundler in zwei Lager teilt, ist die Argumentation des Genuesen nicht uninteressant: «Jene Kannibalen werden wohl einige Indianer gefangengenommen haben, deren Anverwandte sich dann, als sie sahen, dass ihre Angehörigen nicht mehr heimkehrten, eingebildet haben, dass dieselben aufgefressen worden seien. Schliesslich hatten ja auch einige Indianer das gleiche von uns Christen vermutet, als wir das erste Mal bei ihnen erschienen.»

Letzteres wird auch heute noch von indianischen Gruppen im Amazonas-Hinterland geäussert, die überzeugt sind, dass unsere Flugzeuge mit dem Fett geschlachteter Indianer betrieben werden! Seit Vespucci war allerdings der Ruf der Kariben als Kannibalen besiegelt, was in der Folge von den Europäern als Argument für ihre «gerechten Kriege» zur Versklavung und Vernichtung zahlreicher Indianergruppen benutzt wurde.

Kolumbus beschreibt auch erstmals den Maniok und die daraus hergestellten Fladen als «Brot, das aus einer Wurzel hergestellt wird, die grossen Rüben gleicht ..., die recht schmackhaft sind und nach Kastanien schmecken», und den «axi» (aji), den «einheimischen Pfeffer, der viel würziger schmeckte, als der in Spanien verwendete» (nämlich der asiatische Pfeffer).

Die Indianer der Anden waren Spezialisten im Anbau von Mais, Kartoffeln und Oca. Zeitgenössische Darstellung von Félipe Guaman Poma de Ayala: Nueva Corónica y buen gobierno, frühes 17. Jahrhundert.

Er liess auch Brasilholz zum Färben schlagen und taufte später sogar einen Hafen auf Hispaniola «Puerto del Brasil».

Von all diesen Neuigkeiten brachte er nicht nur Kunde, sondern auch Proben mit nach Europa und meinte dazu: «Meines Dafürhaltens gibt es auf diesen Inseln viele Kräuter und Pflanzen, die man in Spanien sehr zu schätzen wissen wird, um daraus Tinkturen zu gewinnen, die man zu Heilzwecken oder als Gewürze verwenden kann, alleine sie sind mir unbekannt, was mir viel Kummer macht.»

Kummer machte ihm und den späteren Berichterstattern auch die Unzulänglichkeit ihrer Sprache zur Erfassung, Beschreibung und Aneignung der Neuigkeiten. Als Beispiel einer solchen Transaktion und ihrer Folgen für die Indianer möge hier der Gummi genügen. Kolumbus hatte, ohne weiter darauf einzugehen, einen Gummiball nach Sevilla gebracht, den die Chronisten in der Folge zu beschreiben versuchen. Las Casas, Freund und Zeitgenosse des Kolumbus, schildert erst die Kautschukgewinnung durch die Indianer und die Herstellung von Gummibällen, von der Grösse der spanischen «pelota de viento», aber schwerer. Was nun aber die Europäer gar nicht kannten, war die Ela-

Indianer beim Rauchen und Feuerbohren in einer Darstellung von Jean de Léry (1557). Unseren Begriffen «Tabak» und «Zigarre» liegen die indianischen Bezeichnungen zugrunde.

stizität dieses «pechschwarzen Baumsaftes», der sie «sprachlos» vor Bewunderung gegenüberstanden. «Diese springen wohl zweimal so hoch wie unsere Bälle, und während beinahe einer Viertelstunde hören sie zu springen nicht auf», schrieb Las Casas, und der Chronist Oviedo, ebenfalls ein Zeitgenosse, kann sich über diese phantastischen Eigenschaften kaum fassen: «Diese Bälle springen viel mehr als unsere ... unvergleichlich, denn, wenn man sie nur aus der Hand zur Erde fallen lässt, hüpfen sie weit mehr in die Höhe, und machen einen Sprung und noch einen, und weitere mehr ...» Die Europäer kümmerten sich nicht weiter um das sonderbare Material, das mittlerweile als «cauchu» durch die Jesuiten bekannt geworden war, bis der Naturwissenschaftler La Condamine 1751 auf die «résine élastique, nouvellement découverte à Cayenne par Mr. Fresnau» aufmerksam machte *(Mémoires de l'Académie Royale des Sciences, Paris)*. Die Indianer des tropischen Amerika benutzten das Material auch zur Beleuchtung, zur Herstellung leichter, unzerbrechlicher Gefässe und Klistiere und von Trommelschlegeln sowie zum Imprägnieren von Stoffen und Schuhwerk. Letzteres wurde schon von Fresnau hervorgehoben und schliesslich, nachdem es gelungen war Kautschuk zu verdünnen, von MacIntosh 1823 patentiert. Immer mehr Kautschuk kam aus dem tropischen Amerika nach Europa und in die USA.
Als erste schafften es 1839 die englisch-amerikanischen Chemiker Hancock und Goodyear, die Elastizität und Weichheit des Materials durch Zusatz von flüssigem Schwefel (Vulkanisation) zu erhalten. Dadurch eröffneten sich weitere Anwendungsmöglichkeiten von Gummi, insbesondere zur Bereifung von Fahrrädern und Automobilien, deren Entwicklung zwischen 1850 und 1890 rasch vorangetrieben wurde. Parallel dazu stieg der Bedarf an Rohgummi. Dieser wiederum musste mit grossem Zeitaufwand unter schwierigen Bedingungen im Amazonasgebiet gewonnen werden, wo die meisten Hevea-Arten vorhanden waren. Da es im Amazonasgebiet an Arbeitskräften mangelte, versuchte Brasilien nach einer der im Nordosten häufigen Dürreperioden, die Bewohner des *Sertão* als Gummizapfer nach Amazonien umzusiedeln (eine Taktik, die bis heute immer wieder versucht wird, um einer Agrarreform auszuweichen). Der Erfolg war bescheiden, weshalb die Geschäftsführer der zahlreichen «Rubber Companies», die mit amerikanischen und englischen Finanzmitteln operierten, begannen, unter der einheimischen indianischen Bevölkerung Zapfer zu

rekrutieren. Da die Indianer sich nicht freiwillig zur Verfügung stellten, wurden sie wie Vieh gejagt und versklavt. Die Gummibarone in Manaus und Iquitos herrschten wie Könige über ihren Staat im Staat, wurden aber von den betreffenden Regierungen durchaus gebilligt. Tausende von Indianern wurden deportiert und, wenn die Lieferungen unter den Erwartungen der Herren blieben, gefoltert und getötet. Peru annektierte wegen des Gummis Teile von Kolumbien, und Brasilien eignete sich auf dem Höhepunkt des Gummi-Booms für einen Minimalbetrag ein grosses Stück von Bolivien an. An Ort und Stelle wusste man durchaus um all die Machenschaften, aber die ganzen Greuel gelangten mehr aus Zufall an die Weltöffentlichkeit. Als in London 1913 den Hauptverantwortlichen der Prozess gemacht wurde, war der Spuk für die Indianer vorbei. Die Preise für Rohgummi waren, wegen der ostasiatischen Konkurrenz, die Gummi aus Plantagen viel billiger liefern konnte, rasant gesunken. Zwar hatte Europa schon seit den dreißiger Jahren asiatischen Gummi von Ficusarten (Gummibaum der Bürgerstuben) importiert, doch erwies sich dieser im Vergleich mit Paragummi als minderwertig. Erst nachdem die vom Engländer Wickham aus Brasilien völlig legal exportierten Heveasamen (die Geschichte vom Schmuggel ist erfunden, hält sich aber hartnäckig, da sie romantisch ist) in Kew, dem botanischen Garten von London, gediehen und als Jungpflanzen in die englischen Kolonien überführt werden konnten, begann man sie dort in Plantagen zu ziehen. Die Bäume gediehen prächtig, konnten leicht gezapft werden und überflügelten schliesslich um die Jahrhundertwende die südamerikanische Produktion.

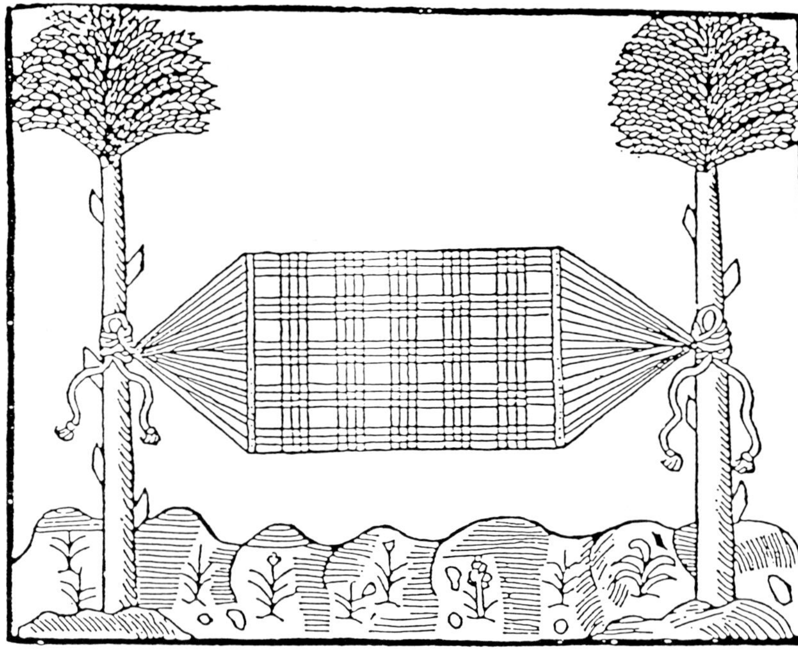

Am 15. Oktober 1492, drei Tage nach seiner Landung, lernt Kolumbus die Hängematte kennen und notiert: «Netze in denen sie schliefen».

Manaus und Iquitos zerfielen, und für die Indianer kehrte eine Zeit der Ruhe ein. Bis heute haben sie sich allerdings nur teilweise vom Gummi-Schock erholt. Für einige Gruppen kam der Preiszerfall zu spät; sie starben aus oder sind heute vom Aussterben bedroht. Der Parakautschuk erlebte nochmals während des Zweiten Weltkrieges, als Japan die südostasiatischen Plantagen besetzt hatte, eine kurze Blüte. Die von Henry Ford in Brasilien angelegten Gummi-Plantagen mussten jedoch 1943 wegen des Befalls der Bäume von einer einheimischen Blattkrankheit aufgegeben werden.

Zu jener Zeit wurde im Zusammenhang mit der Suche nach Wildkautschukvorkommen im Amazonas- und Orinoco-Gebiet auch die Suche nach Kaugummi-Lieferanten intensiviert, doch erreichte die Chicle-Produktion bei weitem nie die Be-

deutung derjenigen des Kautschuks. Heute stammt 90% der Weltproduktion aus Südostasien. Seit 1908 wird Kautschuk im grossen Masstab auch synthetisch hergestellt (heute 70%), was wiederum während der beiden Weltkriege von Bedeutung war.
Die hervorragende Eigenschaft des Kautschuks, nämlich seine Elastizität, war von den Indianern bereits seit alter Zeit für kultische Ballspiele genutzt worden. In Europa bestaunte man diese unbekannte Eigenschaft des Materials und versuchte sie vorerst sprachlich in den Griff zu bekommen. Erst 300 Jahre später gelang dies auch technisch, indem man Gummi vulkanisierte. Nun konnte der Werkstoff für die Entwicklung der Fortbewegungsmittel Fahrrad und Auto eingesetzt werden, was wiederum im engen Zusammenhang mit der Industrialisierung und dem steigenden Bedarf an schnellen Transport- und Kontrollmitteln stand.
England als führende Industrienation war von Anfang an wesentlich an der Sicherstellung des Rohstoffes interessiert und setzte dazu die Plantagenwirtschaft seiner Kolonien ein. Ohne US-amerikanische und europäische Nachfrage hätte es in Amazonien keinen Genozid gegeben, und ohne die britische Verlegung der Produktion vom Ursprungsgebiet nach Südostasien hätte dieser wiederum kein Ende gefunden. So konnte man sich 1913 ein Gerichtsverfahren leisten, bei dem die Indianer bereits alles verloren und die Industrienationen nichts zu verlieren hatten. Im übrigen wurden damals die angeklagten Sklavenhalter und Mörder ebensowenig bestraft wie 1988 die Verantwortlichen für die Ermordung des brasilianischen Gewerkschaftsführers und Gummizapfers Chico Mendez.

Basel und die Neue Welt

Nach der Zerstörung von Mainz 1462, wo die Gutenbergsche Buchdruckkunst bislang geheimgehalten worden war, breitete sich diese in Europa rasch aus. So wurde auch Basel, bekannt für seine Papierherstellung und den wirtschaftlichen Wohlstand, ein Zentrum des Buchdruckes, was unter anderem Erasmus von Rotterdam in die Stadt zog. Der Qualität der Basler Buchdrucker verdanken wir die schönste (nicht die erste) illustrierte lateinische Ausgabe des sogenannten Kolumbusbriefes, der 1493, also im selben Jahr, als Kolumbus von seiner Reise zurückkehrte, bei Michael Furter erschien *(De insulis nuper inventis)*, und die im gleichen Jahr bei Johann Bergmann von Olpe gedruckte erste deutsche Fassung des Briefes. Furter und Olpe wiederum waren mit Sebastian Brant befreundet, dem Autor des «Narrenschiffes», in dem die «Neue Welt» erstmals 1494 ihren literarischen Niederschlag in den folgenden Zeilen findet:

«och hatt man sydt jnn Portigal
Und jnn Hispanyen überall
Golt/jnseln funden/und nacket lüt
Von den man vor wust sayen nüt»

Offensichtlich war das Interesse an Amerika bei den Buchdruckern, besonders Furter, gross, denn 1504 druckte dieser den sehr populären *Mundus novus* von Amerigo Vespucci auf Latein und 1505 auf Deutsch. Im selben Jahr wurde in Basel ein Flugblatt «von der neu gefundenen Region die wol// ein Welt genent mag werden/» gedruckt, das die zweite Reise Vespuccis nach Brasilien und zu den «Menschenfressern» zum Inhalt hatte. In der Folge haben Vespuccis Berichte das

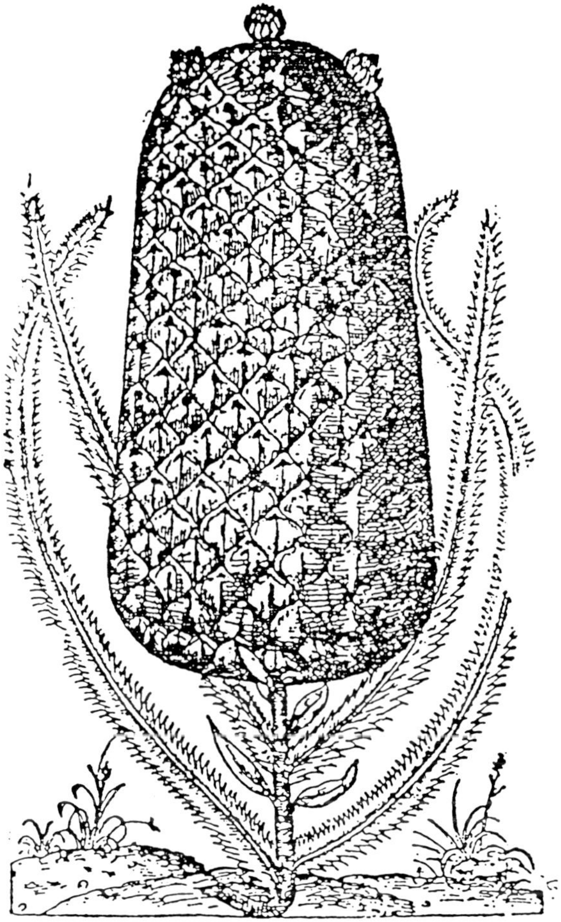

Ernte von Cashew-Nüssen und Darstellung einer Ananas aus Jean de Lérys Brasilianischem Tagebuch, 1557.

Bild des Kontinents, der ja seinen Namen trägt, nachhaltiger geprägt als alle anderen Zeugnisse vor und nach ihm. In der Handschriftenabteilung der Basler Universitätsbibliothek findet sich auch ein Brief des humanistischen Geographen Waldseemüller aus St. Dié, der indirekt auf dieses Ereignis Bezug nimmt. So schreibt er am 5. April 1507 an seinen Freund und Lehrer Johann Amerbach:
«Ich glaube, es ist Dir nicht unbekannt, dass wir die Kosmographie des Ptolemäus mit verbesserten und gewissen von mir neu hinzugefügten Karten... zu drucken vorhaben.»
Noch im selben Jahr kam das Werk heraus, das zum ersten Mal die Neue Welt Amerika nennt.
In nur 10 Jahren nach der ersten Reise von Kolumbus waren also in Basel mehr Werke über die Entdeckungen erschienen als in Spanien selbst.
1521 gelang es einem weiteren Basler Drucker, Adam Petri, in den Besitz der

ersten vier Dekaden von Peter Martyr zu gelangen, dem ersten Geschichtswerk über Amerika, das 1516 in Spanien erschienen war. Martyr, ein italienischer Humanist, verarbeitete darin für ein gelehrtes Publikum Informationen aus erster Hand, die er in Spanien gesammelt hatte. Die Dekaden, obwohl nicht komplett, fanden aber vor allem im Nachdruck von Johann Bebel (1533) grosse Verbreitung und wurden auch von Simon Grynaeus in seiner Sammlung von Reiseberichten (1532) aufgenommen, die in Basel mehrere Auflagen erlebte. Kurz zuvor (1531) weilte ein besonderer Gast sechs Junitage lang in Basel, wo er sich, wohl unerkannt, mit Büchern eindeckte. Es war dies der sehr gelehrte und äusserst belesene Sohn von Kolumbus, Fernando Colón, der über eine der bedeutendsten Privatbibliotheken seiner Zeit verfügte. Colón war übrigens so buchhalterisch genau, dass er in den Büchern notierte, für welchen Preis er sie wo erworben hatte.

Trotz all dieser Informationen über die Neue Welt fand diese nur zögernd Eingang in das allgemeine geographische Wissen. Erst 1532 wird in Basel auf einer von Hans Holbein d. J. gezeichneten Karte in der Reisesammlung von Grynaeus Südamerika von Sebastian Münster als *Cannibalis America Terra Nova Prisilia* bezeichnet. Derselbe Münster, Hebräischprofessor an der Universität und seit 1529 mit der Witwe von Adam Petri verheiratet, publizierte in der Folge einen «geographischen Bestseller». Seine 1544 erstmals auf Deutsch erschienene Kosmographie erlebte in knapp 100 Jahren 35 Auflagen und wurde in mehrere Sprachen übersetzt.
Erst in der zweiten Hälfte des 16. Jahrhunderts flaute das Interesse an Amerika in Basel ab, obwohl Gelehrte wie Basilius Amerbach in ihren Bibliotheken die nun in Spanien erschienenen Werke der bedeutendsten Chroniken sammelten.
Nach der Reformation wandten sich die Basler Drucker, allen voran Adam Henric-Petri, mehr der Publikation spanienfeindlicher Bücher zu, so Benzonis *Historia del Mondo Nuovo* (1579) und dem Kurzbericht des Indianerfreundes Las Casas über die Zerstörung Westindiens. Beide Publikationen erfuhren zahlreiche Nachdrucke und waren bei den Protestanten sehr beliebt. Nach 1582 schliesslich wurden keine Amerikaberichte mehr in Basel gedruckt, obwohl später Matthäus Merian d. Ä., als Schwiegersohn de Brys, von 1623 bis 1644 dessen Reisesammlungen weiter betreute und herausgab, allerdings von Frankfurt aus. Dieses monumentale Werk mit seinen 342 Kupferstichen hat wie kein anderes das Bild, das man sich von Amerika machte, geprägt und prägt es zum Teil heute noch. Wohl nicht von ungefähr reiste die Tochter von Matthäus Merian, Maria Sibylla, 1699, immerhin 52jährig, nach Surinam, wo sie sich bis 1701 dem Studium der dortigen Flora und Fauna widmete und das Material für ihre bekannten Blumen- und Insektenbilder (Kupferstiche) sammelte (*Dissertatio de generatione et metamorphosibus insectorum Surinamensium*, Den Haag 1726). Ihr Bild ziert heute den 500-DM-Schein.
Schliesslich wurde 1825 ein weiterer Vertreter des Basler Druckgewerbes wegen seiner Kenntnisse der damals neuen Lithographie vom brasilianischen Kaiser Dom Pedro höchstpersönlich nach Rio de Janeiro berufen, um dort eine lithographische Anstalt einzurichten. Johann Jacob Steinmann fertigte in Rio Landkarten und Pläne für das brasilianische Militärarchiv

an, ferner Ansichten, Panoramen, Kostümblätter u. a. Um 1830 besuchte er «Nova Friburgo» und hielt die «Colonia Suissa» mit dem Zeichenstift fest. 1833, nach der Rückkehr in seine Heimatstadt Basel, liess er nach seinen Zeichnungen Aquatinta-Radierungen zu Ansichten von Rio de Janeiro herstellen, die er mit lithographischen Bordüren umgab, die Szenen aus dem brasilianischen Alltag wiedergeben (*Souveniers de Rio de Janeiro*, Basel 1839).

Schon früh waren, zusammen mit den Berichten aus der Neuen Welt, auch Angaben über die dort wachsenden Pflanzen, Gewürze und Tiere sowie Kostproben davon nach Spanien gekommen. Vor allem pflanzliches Saatgut wurde damals in den Privatgärten von Ärzten, in Klostergärten oder in den Orangerien der Adelshäuser als Heil- oder auch nur als reine Zierpflanzen gezogen (z. B. Tabak, Mais, Kakao und Kartoffeln). Die Basler Mediziner des 16. Jahrhunderts zeigten für die Neuigkeiten grosses Interesse und bezogen ihre Informationen z. T. direkt aus Spanien, z. T. über Italien und Deutschland. Traktate zur Behandlung von Syphilis, deren Ursprung noch immer umstritten ist, wurden auf Deutsch übersetzt und in den zwanziger und dreissiger Jahren in Basel publiziert (vor allem bei Bebel). Paracelsus äusserte sich schon damals kritisch über die Wirksamkeit des aus den Antillen und Südamerika importierten Guajakholzes zur Bekämpfung des Übels, an dem vor allem die Fugger verdienten. Zu Recht hingegen lobt Vesal die Verwendung von Chinarinde und Salsaparilla, ebenfalls zwei südamerikanische Heilpflanzen, zur Bekämpfung von Fiebererkrankungen (1546). Auch in den Kräuterbüchern der Zeit tauchen neuweltliche Pflanzen auf, so der Mais in dem lateinischen, in Basel (1537, 1543) erschienenen Pflanzenwerk des französischen Botanikers Jean de la Ruelle, das u. a. auch Leonhard Fuchs als Vorbild diente. Fuchs bildete auch indianische Pfeffersorten ab und liess für sein Buch, das 1542 bei Michael Isengrin erschien, die besten Illustratoren nach der Natur zeichnen.

Um die Mitte des 16. Jahrhunderts wurde es üblich Herbarien anzulegen, um die Pflanzen besser studieren zu können. Felix Platter und die Gebrüder Johann und Gaspar Bauhin, die alle im Umfeld von Clusius in Montpellier studiert hatten, brachten die Technik nach Basel. Gaspar Bauhins Herbarium befindet sich heute im botanischen Institut der Universität und zeigt auch eine Kartoffelpflanze. Bauhin war es auch, der für diese die noch immer gültige Bezeichnung *solanum tuberosum* einführte und sie in seiner «Phytopinax» (bei Henric Petri, Basel 1596) abbildete und beschrieb. Erstaunlich nah beim aztekischen Namen ist auch sein *tumatle americanorum* für die Tomate, die er zum Anbau in «Beeten und Geschirren» pries. Das Wort *cacao* übernahm er ebenfalls aus dem Aztekischen, wobei er sich auf spanische Quellen in lateinischer Übersetzung stützte. Felix Platter, der bei spanischen Ärzten in Montpellier wohnte und studierte, legte ebenfalls eine Pflanzensammlung an und zog in seinem Basler Garten die aus Amerika eingeführten Bohnen, Sonnenblumen, Mais und sogar eine Agave. Dort wurde auch der Zürcher Arzt Gessner, der in Basel studiert hatte und mit Platter und den Bauhins befreundet war, auf die neuen Gewächse aufmerksam. Dass diese Pflanzen beschrieben, untersucht und gezogen wurden, heisst natürlich nicht, dass sie bei den Baslern

allgemeine Beachtung fanden. Eine «natürliche» Barriere für die Akzeptanz der neuweltlichen Nahrungsmittel bildeten u. a. die Alpen. Mais wurde südlich davon bereits im 17. Jahrhundert als Nahrungsmittel und Tierfutter angebaut, während er bei uns immer noch hauptsächlich als letzteres dient.
Auch die Kartoffel scheint in Italien, laut Gaspar Bauhin, schon Ende des 16. Jahrhunderts gerne gegessen worden zu sein, während sie in der Schweiz als Nahrungsmittel erst im 18. Jahrhundert nach Hungersnöten, Kriegen und auf Druck der Obrigkeiten und der patriotischen Ökonomen Einzug fand, bis sie schliesslich im Zeitalter der Industrialisierung das Grundnahrungsmittel der ärmeren Bevölkerungsschicht wurde (dass man aus ihr Schnaps herstellen konnte, war dabei nicht ganz unwichtig).
Zwischen Basel und der Neuen Welt gab es auch direkte persönliche Kontakte. Als Kuriosum besonderer Art sei die Immatrikulation eines brasilianischen Indianers, *Americus Indus,* an der Universität Basel im Jahre 1585 genannt. Lakonisch ist dort vermerkt, *pauperrimus, nihil* – sehr arm, (kann) nichts (bezahlen). Wie dieser Indianer nach Basel kam und was er hier machte, ist allerdings nicht bekannt. Er gehörte möglicherweise zu den «Exotica«, die man seit Kolumbus und Vespucci von den Reisen in die Neue Welt mitbrachte, so wie sich um die Mitte des Jahrhunderts in der Normandie, dank dem Import von Brasilholz, auch stets Tupi-Indianer aufzuhalten pflegten.
Ein weiterer Gast an der Basler Universität war auch Graf Moritz von Nassau, der spätere Generalgouverneur von Neu-Holland und Sachverwalter der Westindischen Kompanie in Brasilien (1636), in dessen Gefolge Maler und Wissenschaftler wie Post, Eckhout, Markgraf, Piso und Barlaeus tätig waren.
Nebst den bereits genannten Sibylla Merian und J. J. Steinmann fuhr auch M. Burckhardt als Zeichner 1865 nach Brasilien, wo er seinen Freund, den bedeutenden Freiburger Naturforscher Louis Agassiz, auf dessen Amazonasreise begleitete.
Als der erste «ethnographisch» Interessierte reiste 1823 der Kaufmannssohn Lukas Vischer in die USA, wo er mit Creek-Indianern zusammenkam. Er erwarb dort u. a. einige Hirschleder-Roben, die heute zum Wertvollsten gehören, was das Museum für Völkerkunde aus Nordamerika besitzt. Noch bedeutender war die Sammlung, die Vischer von seinen Reisen in Mexiko (1828–1837) zurückbrachte, insbesondere die hervorragenden aztekischen Steinskulpturen, von denen einige Spitzenqualität aufweisen. Künstlerisch begabt, hielt er viele Eindrücke mit dem Zeichenstift fest. Die Sammlung kam als Geschenk 1844 in die historisch-antiquarische Sammlung und wurde erstmals 1849 im neuen Berri-Bau an der Augustinergasse ausgestellt. Sie gehört sozusagen zum Grundstock des Museums für Völkerkunde.
Zwischen 1870 und 1875 bereiste der Basler Ingenieur Arthur Werthemann im Auftrag der peruanischen Regierung die wichtigsten Zuflüsse des oberen Amazonas, um sie zu vermessen und zu kartieren.
1877 unternahm der Arzt und Botaniker Gustav Bernoulli eine Reise ins Tiefland von Guatemala, von wo er die weltberühmten Holzreliefs von den Tempeln der klassischen Mayastadt Tikal nach Basel verschiffen liess. Bernoulli selbst erlebte

die Ankunft dieser einmaligen Schnitzereien nicht mehr, da er auf der Rückreise in San Fransisco verstarb. Die Tafeln gelangten 1878 ebenfalls ins Museum, wo sie heute zu den kostbarsten Schaustücken zählen.
Das waren also die Begründer der Amerikanistik als Forschungsgebiet Basler Wissenschaftler. 1908/09 bereiste der als Erforscher der Südsee-Kulturen bekannt gewordene Felix Speiser als erster Basler Ethnologe den Südwesten der USA, wo er sich bei den Hopi-Indianern aufhielt. 1924 führte ihn, begleitet von Arnold Deuber, der Weg nach Nordbrasilien zu den Aparai, von denen er eine sehr schöne Sammlung und den ersten Film über dieses Volk nach Hause brachte. Von da an waren Basler Ethnologen immer wieder in Mittel-, vor allem aber in Südamerika tätig und sind es heute mehr denn je.
So schliesst sich der Kreis dort, wo er mit dem Kolumbusbrief einst begonnen hatte, nämlich mit der Vermittlung der Kenntnisse und Errungenschaften jener Völker, denen wir so viel verdanken. Zurück bleibt ein bitteres Gefühl, dass Europa ihnen diese Gaben schlecht gedankt hat, und die kleine Hoffnung, das ausgehende 20. Jahrhundert möge ihnen mehr Achtung entgegenbringen und ihnen Gerechtigkeit widerfahren lassen.

Literatur

Fray Bartolomé de las Casas: Obras Escogidas. Biblioteca de Autores Españoles 105, Madrid 1958.

Frauke Gewecke: Christoph Kolumbus' Bordbuch, Frankfurt a. M. 1981.

Carlos Gilly: Spanien und der Basler Buchdruck bis 1600, Basel 1985.

Nordenskiöld Erland: «The American Indian as an Inventor», Journal of the Royal Anthrop. Institute, London 1929.

Gonzalo Fernández de Oviedo y Valdés: Historia General y Natural de las Indias. Bd. 1, Biblioteca de Autores Españoles 117, Madrid 1959.

M. und P. Rieder, R. Suter: Basilea Botanica, Basel 1979.

Seite 46 >
Die «Entdeckung» Amerikas schafft ein völlig verändertes Weltbild: Weltkarte (linke Hemisphäre) von Grynaeus und Holbein d. J. (?) aus Huttich/Grynaeus: Novus Orbis, Basel 1555.

Kulturimport in Stichworten

Agave *Agave americana* L. und *Agave sisalana* P.
Heimat: Mittelamerika, speziell Mexiko. Die Indianer stellen aus den Blattfasern Seile und Textilien her.

Ahornsirup Saft des aus Kanada und den USA stammenden Zuckerahorns. Von den Indianern genutzt zur Herstellung von Zucker und Sirup. Seine Blätter sind das Staatssymbol Kanadas.

Alligator aus dem spanischen Wort für Echse *(lagarto)* für den in Mittel- und Südamerika heimischen Kaiman.

Ananas «anána» oder «nána» in der Sprache der Kariben und der Tupí-Guaraní für *Ananas sativus* L.
Heimat: tropisches Brasilien.

Anorak wasserdichter Blouson mit Kapuze in der Sprache der Eskimo-Inuit.

Avocado aztekisch «ahuacatl» (= Hoden) für die Frucht der *Persea americana* L.

Barbecue auf Aruak «baruacoa» für Räucherrost.

Batate Wort der Insel-Aruak für die Süsskartoffel. Wurde oft mit der «gewöhnlichen» Kartoffel verwechselt.

Bohnen sowohl unsere Stangen-(Garten-)bohnen, als auch Feuer- und Limabohnen, stammen aus Mittel- und Südamerika und wurden von den Indianern bereits im 7. Jahrtausend v. Chr. angebaut. Sehr wichtiger Eiweisslieferant.

Brasilholz Färbeholz der *Caesalpinia echinata* Lam. Zur Rotfärbung (*braise* = frz.: Glut) von Tuch. Wurde im 16. Jahrhundert hauptsächlich von Brasilien nach Europa ausgeführt. Brasilien ist nach dem Baum benannt.

Cashewnuss Frucht des Acajubaumes (*Anacardium occidentale* L.) aus dem tropischen Amerika. Die Fruchtschale enthält ein Öl, das gegen Warzen, als Termitenschutz und als Bremsbelag verwendet wird. *Acajú* stammt aus der Tupí-Sprache und wurde auch zur Bezeichnung von Mahagoni verwendet.

Cayenne-Pfeffer scharfes Gewürz, hergestellt aus den getrockneten und pulverisierten Früchten und Samen der in Mittel- und Südamerika heimischen *Capsicum annuum* L. und *C. frutescens* L. Die Schärfe kommt vom Alkaloid Capscaicin. Seit dem 5. Jahrtausend v. Chr. von den Indianern angebaut. Benannt nach einem der vielen Ausfuhrhäfen.

Chicle vom aztekischen «chictli», der Saft von *Achras sapota* L., den schon die Azteken kannten, um die Zähne zu reinigen. Hauptbestandteil von Kaugummi.

Chile-Pfeffer hat nichts mit dem gleichnamigen Land zu tun, sondern stammt aus dem aztekischen «chilli» für scharfen Pfeffer (siehe Cayenne-Pfeffer).

Chinchilla Pelz vom gleichnamigen Tier. Das Wort stammt aus dem Aymará.

Chinin Wirkstoff verschiedener Chinarindenbäume (*Cinchona* spp.), deren Rinde schon von den Indianern der Anden-Ostabhänge als fiebersenkendes Mittel benutzt wurde. Der Name hat nichts mit China zu tun, sondern mit der Gräfin von Chinchón, der Frau des Vizekönigs von Peru, die 1638 damit erfolgreich von der Malaria geheilt wurde. Auf Quechua hiess das Mittel «quina», Rinde. Die Bitterstoffe werden auch Erfrischungsgetränken (tonic waters, Schweppes etc.) zugesetzt.

Coca-Cola stimulierendes Getränk auf der Basis von Koka-Wein (siehe Kokain) und Zusätzen von Kolanüssen. Kam als Produkt des amerikanischen Pharmazeuten J.S. Pemberton 1886 auf den Markt.

Cochenille rote Farbe, die aus den Körpern der weiblichen Schildläuse *(Dactylopius coccus)* gewonnen wird (Mexiko) und im 16. Jahrhundert ein sehr teures und in Europa begehrtes Produkt darstellte. Das Wort stammt aus dem Spanischen.

Curare Tupí- und Karibenwort *(uralí, urarí, curari)* für das aus Strychnosarten gewonnene Pfeilgift der südamerikanischen Indianer. Das Alkaloid hemmt die neuromuskuläre Übertragung und führt zum Tod durch Ersticken.

Erdnuss unterirdische Frucht der *Arachis hypogaea* L., die in Südamerika beheimatet ist und schon seit 2000 v. Chr. von den Indianern kultiviert wurde.

Federball von zahlreichen Indianergruppen Amerikas gespielt.

Feigenkaktus aus Mexiko stammende Opuntienart, deren Früchte essbar sind.

Gefriertrocknen aus den Anden stammende indianische Methode zur Konservierung (ohne Einbusse an Nährwert) von Kartoffeln und anderen Knollenfrüchten: die Früchte werden dazu abwechselnd den Nachtfrösten und der Sonneneinstrahlung ausgesetzt.

Guano von Quechua «huanu» für Vogelmist, der von den Inka als Dünger eingesetzt und im 19. Jahrhundert in grossem Stil aus Peru exportiert wurde.

Guave Insel-Aruak für die Frucht von *Psidium guajava* L.

Gummiball Erfindung mittel- und südamerikanischer Indianer, welche Bälle für rituelle Ballspiele aus Kautschuk (s. dort) herstellten.

Hängematte verdeutschte Umdeutung des Aruak-Wortes «hamaca».

Iglu Schneehaus der Eskimo-Inuit.

Indianer Bezeichnung der Ureinwohner Amerikas, die auf den Irrtum des Kolumbus zurückgeht, er habe Indien erreicht.

Darstellung der Landung des Kolumbus mit Galeeren auf der Insel Hispaniola. Kolumbus: Epistola, Basel 1493.

Ipekak aus dem Tupí «ipecacuana» für *Cephaelis ipecacuanha*, das von den Indianern als Brechmittel benutzt wurde und bei uns Hustenmitteln beigegeben wird.

Jaguar aus dem Tupí-Guaraní «jaguareté» für *Felis onza* L.

Kaiak Männerboot der Eskimo-Inuit.

Kakao aztekisch «cacauatl», Früchte und Bohnen des *Theobroma cacao* L., von Linné seiner Köstlichkeit wegen als «Götterspeise» bezeichnet. Die Bohnen wurden von den Azteken auch als Währungs- und Handelseinheit verwendet.

Kannibale Verballhornung des Wortes «caribe» für die Kariben, eine der grossen südamerikanischen Sprachfamilien, die von ihren Feinden, den Aruak, der Menschenfresserei (Kannibalismus) bezichtigt wurde.

Kanu Einbaum der Insel-Aruak *(canoa)*.

Kapok kurze, seidige Samenhaare der Früchte der im südamerikanischen Regenwald beheimateten *Cebeiba pentandrda* L. Die Indianer brauchen die Haare, um Blasrohrpfeile abzudichten. Weltweit als Isolier- und Füllmaterial verwendet.

Karibu Micmac-Wort für die Rentierart *Rangifer caribou*.

Kartoffel Verballhornung des spanisch-italienischen «tartufolo» (lat. *terra tufer* = Erdknolle) für «Trüffel», mit denen man die in Europa unbekannte Knolle der *Solanum tuberosum* L. verglich. Wurde in vielen Varietäten seit dem 3. Jahrtausend v. Chr. im Andenraum angebaut.

Kautschuk vom Quechua «cau-huchu», «weinender Baum», für den Saft verschiedener *Hevea*-Arten. Heimat: Amazonas-Orinocogebiet.

Koka Quechua für die Blätter des Koka-Strauches (*Erythroxylon coca* L.). Heimat: Ostabhänge der Anden. Wurde von den Indianern zu rituellen Zwecken kultiviert.

Kokain Alkaloid der Kokablätter, das 1860 isoliert und für medizinische Zwecke eingesetzt wurde. Heute als Droge durch die kolumbianischen Kartelle weltweit vertrieben.

Lama Quechua *(llama)* für *Auchenia llama* L.

Landhockey in vielen Teilen Amerikas von den Indianern gespielt.

Leguan aus dem Insel-Aruak «yguana» für Kammeidechse.

Die Epistola (1493) von Kolumbus illustriert auch das Leben und die Arbeiten der Bewohner der Neuen Welt.

Leggins englisch für indianische Beinkleidung.

Mahagoni aus dem Insel-Aruak «maga» für das sehr harte Holz verschiedener *Swietenia*-Arten.

Mais Insel-Aruak für *Zea mays* L., der seit dem 6. Jahrtausend v. Chr. in Zentral-Mexiko angebaut wurde.

Manitu Algonkinwort für den «Grossen Geist».

Meerschweinchen von den Indianern des Andenraumes als Nahrungsmittel und Opfertier domestiziertes Nagetier (*Cavia porcellus* L.), das 1554 auch zu Konrad Gessner nach Zürich kam.

Mescalin Alcaloid und halluzinogener Wirkstoff des Peyote-Kaktus (*Lophophora* spp.). Das Wort stammt aus dem Aztekischen «mezcalli» für verschiedene Agavearten.

Mokassin Wildlederschuhe der Algonkin-Indianer.

Mustang englische Verballhornung des spanischen «mesteño» für verwildertes Pferd. Letzteres wurde von Europa nach Amerika eingeführt.

Nikotin Wirkstoff der Tabakblätter, benannt nach Jean Nicot, dem französischen Gesandten in Lissabon (1558–60), der François II Samen und Blätter des Tabak überbrachte.

Orkan aus dem Insel-Aruak «hurracan», Wirbelwind, über das holländische «oorokan» zum deutschen Wort für «Sturm».

Orleanrot aus den Samen der *Bixa orellana* L. von den Indianern gewonnener Farbstoff, mit dem sie sich bemalen und Fasern und Speisen färben. Hat nichts mit Orléan zu tun, sondern mit der Verballhornung des Namens des ersten Befahrers des Amazonas: Francisco de Orellana (1542), nach dem Linné das Urucú (Tupí) oder Annato (Kariben) der Indianer benannte. Beliebter Lebensmittelfarbstoff.

Papaya karibisch «ababei» für die Früchte der *Carica papaya* L. Alle Teile der Pflanze enthalten das Enzym Papain, das u. a. als Zartmacher für Fleisch gebraucht wird.

Paprika als Gemüse gebrauchte Varietät des aus dem tropischen Amerika stammenden *Capsicum annuum* L. (s. Cayenne-Pfeffer).

Para-Nuss Kern der Früchte der *Bertholetia excelsa* L. Nach dem Ausfuhrhafen Belém in Brasilien benannt.

Erste Abbildungen der Kartoffel, aus Kaspar Bauhins *Phytopinax.*

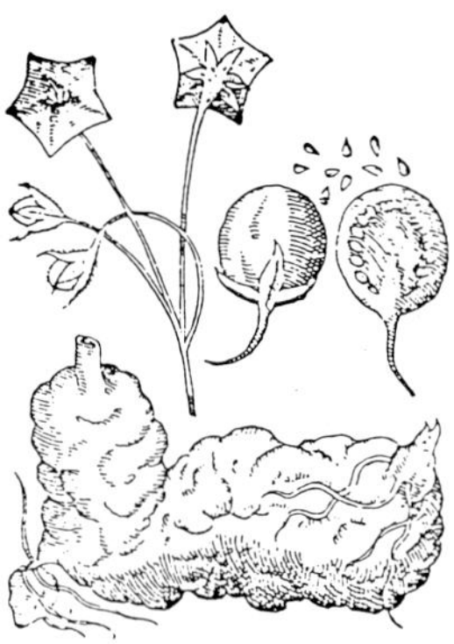

Passionsblume (-frucht) Die Liane *Passiflora edulis* Sims. stammt aus Brasilien. Der Name kommt von der Blütenform, die von katholischen Priestern als Symbol der Leiden Christi gedeutet wurde.

Platin vom spanischen «plata», Silber, abgeleitetes Edelmetall, das von Ulloa 1735 erstmals in Ecuador beschrieben wurde. Die Indianer verstanden es schon in vorkolumbischer Zeit zu Schmuck zu verarbeiten.

Popcorn Puffmais, von den Indianern schon in vorkolumbischer Zeit angebaut.

Savanne von Insel-Aruak «savána» für weite Ebene.

Schokolade auf aztekisch «chocolatl» (= Schaumwasser). Kaltes Getränk, zubereitet aus zerriebenen Kakaobohnen, gewürzt mit Pfeffer und Vanille (s. dort). Die Spanier fügten dem Getränk Zucker hinzu und die Engländer im 18. Jahrhundert Milch.

Sisalhanf Hartfasern aus den Blättern, der in Mexiko beheimateten *Agave sisalana* P. (siehe Agave).

Sonnenblume die in Nordamerika beheimatete *Helianthus annuus* L.

Tabak Insel-Aruak für die aus Tabakblättern (*Nicotiana tabacum* L.) gedrehten Glimmstengel. Wurde von den Indianern rituell verwendet, gekaut, geschnupft und geraucht.

Tabakpfeife eines der vielen Geräte, die von den Indianern zum Rauchen entwikkelt worden waren.

Tabasco nach dem Ausfuhrhafen in Mexiko benannte Würze aus *Capsicum* (siehe Cayenne-Pfeffer).

Tanga Mini-«Badeanzug», leitet sich vom Tupí-Wort für Lendenschurz her.

Tapioka Tupí für das feinste Satzmehl des bitteren Manioks. Wird als Bindemittel und Stärkepulver gebraucht.

Tequila destillierter Saft aus gegorenen Knospen- und Agavenblättern. Heimat: Mexiko.

Toboggan Algonkinwort für leichte Schlitten, übertragen: Rutschbahn.

Tomahak Algonkinwort für Kriegsaxt.

Tomate aztekisch «tomatl» für die Früchte verschiedener in Mittelamerika beheimateter *Solanaceen* (*Lycopersicon esculentum* L.).

Topinambur Knolle der *Helianthus tuberosus* L., die im nordöstlichen Amerika beheimatet ist, die aber aus ungeklärten Gründen nach dem Stamm der Tupinamba benannt wurde.

Truthuhn in Mittelamerika von den Indianern domestizierte Gattung von Hühnervögeln *(Meleargirs)*; kam im 16. Jahrhundert nach Europa.

Vanille aus dem spanischen «vanilla», Schötchen, für die Frucht einer in Mexiko beheimateten Orchideenart (*Vanilla planifolia* A.). Wurde schon von den Azteken der Schokolade beigefügt.

Wigwam Algonkin für indianische Behausung.

Wildreis einjähriges Rispengras des *Zizania aquatica* L., das an Ufern von Seen und Flüssen Nordamerikas wächst und von den Indianern als Nahrungsmittel gesammelt wird.

Zigarre/Zigarette aus dem Mayawort «ciquar» für Brennbares.

Zucchini aus dem tropischen Amerika stammende unreife Früchte der *Cucurbita pepo* L.

Literatur

L. H. Bailey: Manual of Cultivated Plants, 2nd ed., New York 1949.

Charles B. Heiser: Seed to Civilization: The story of Man's Food, San Francisco 1973.

Eveline Dürr

Der Aufstand der Tzeltal (1712–1713)

Eine Widerstandsbewegung im kolonialen Mesoamerika

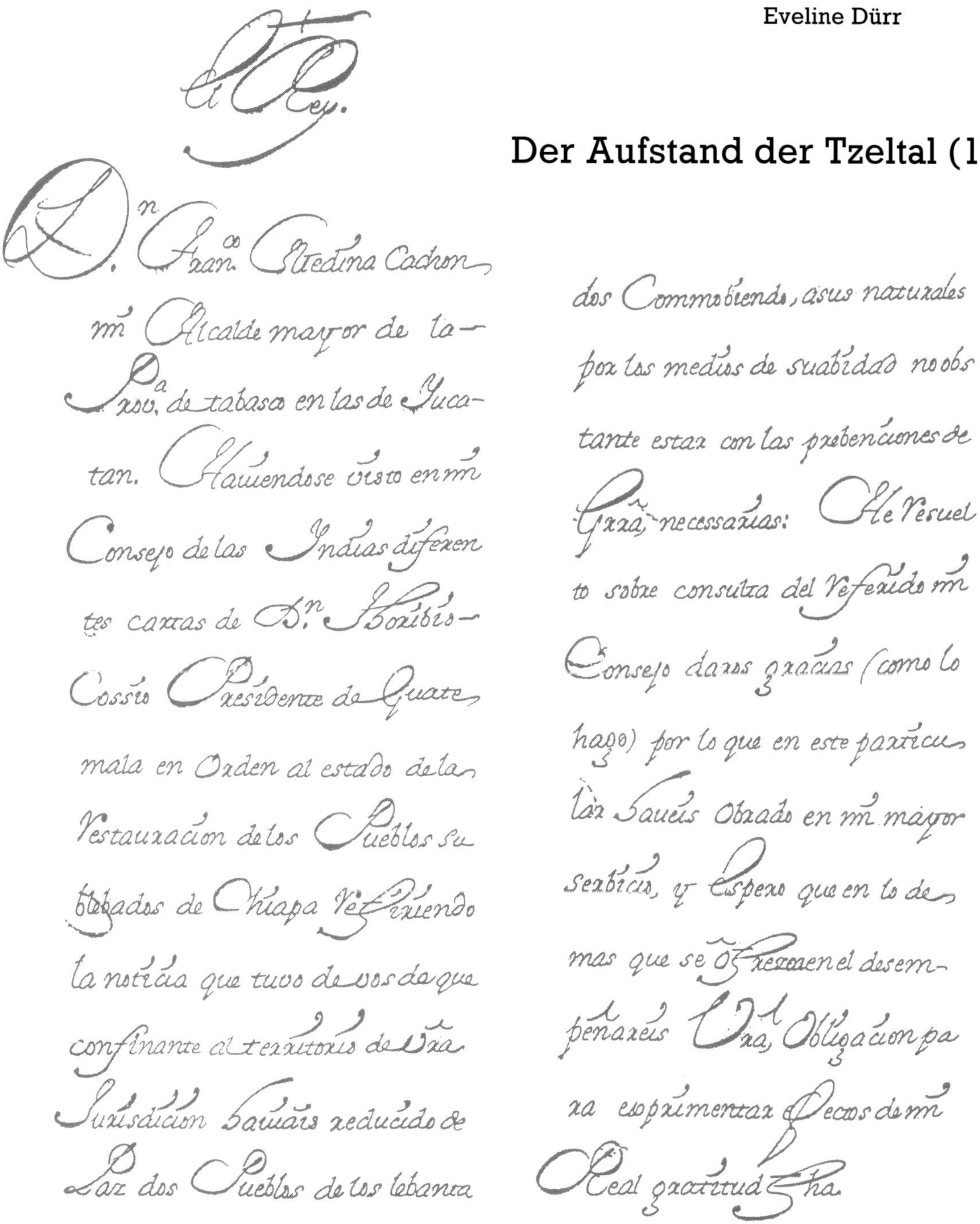
El Rey.

D.n Fran.co Medina Cachon
mi Alcalde mayor de la
Prov.a de tabasco en las de Yuca-
tan. Haviendose visto en mi
Consejo de las Indias diferen
tes cartas de D.n Thoribio
Cossio Presidente de Guate
mala en Orden al estado de la
Restauracion de los Pueblos su
blevados de Chiapa Refiriendo
la noticia que tuvo de vos de que
confinante al territorio de V.ra
Jurisdicion haviais reducido de
Paz dos Pueblos de los lebanta
dos Commoviendo a sus naturales
por los medios de suavidad no obs
tante estar con las prebenciones de
Guerra necessarias: He resuel
to sobre consulta del referido mi
Consejo daros gracias (como lo
hago) por lo que en este particu
lar haveis Obrado en mi mayor
servicio, y espero que en lo de
mas que se ofreciere en el desem-
peñareis V.ra Obligacion pa
ra esperimentar efectos de mi
Real gratitud. Fha

Belobigung des Königs an Don Francisco Medina Cachon, Alcalde Mayor der Provinz Tabasco. Unser Wissen über den Aufstand der Tzeltal basiert in erster Linie auf Gerichtsprotokollen und offiziellen Berichten der spanischen Verwaltungsbehörden und kirchlichen Würdenträger, die den Aufstand aus ihrem Blickwinkel schildern.

Mitte Juni 1712 erfuhr der Gemeindepfarrer von Cancuc, einer tzeltalsprechenden Ortschaft der Provincia de los Zendales im Hochland der kolonialen Provinz Chiapa, dass dort auf wundersame Weise eine heilige Jungfrau erschienen sei. Der Geistliche machte sich umgehend auf den Weg nach Cancuc, um vor Ort mehr über den Hergang der Erscheinung zu erfahren. Nach seiner Ankunft erzählte ihm eine Indianerin namens María López, dass ihr die Heilige begegnet sei. Sie berichtete, die heilige Jungfrau habe wie eine Spanierin ausgesehen und ihr folgende Botschaft verkündet: man solle am Ort ihrer Erscheinung ein Kreuz und eine *hermita*, eine Kapelle errichten, damit sie darin bei den Indianern wohnen könne.

Der Gemeindepfarrer schenkte ihrer Erzählung keinen Glauben und verurteilte das Wunder als Teufelswerk. Die Indianerin und ihre Familie liess er zur Strafe für das Sakrileg auspeitschen. Die Bewohner Cancucs jedoch gehorchten trotz der harten Bestrafung dem Gebot der heiligen Jungfrau und errichteten am darauffolgenden Tag zu Ehren der Heiligen eine Kapelle. Nach Fertigstellung des Baus nannte sich María López um in María de la Candelaria.

Einige Tage später suchte eine Abordnung der höchsten Würdenträger von Cancuc den amtierenden franziskanischen Bischof Juan Bautista Alvarez de Toledo auf, um bei höherer Instanz um die offizielle Erlaubnis zu bitten, die Kapelle beibehalten zu dürfen. Sie erzählten dem Bischof freimütig von der wundersamen Erscheinung und hofften auf sein Wohlwollen. Der Franziskaner glaubte ihren Erzählungen jedoch ebenfalls nicht und liess die indianischen Botschafter zur Bestrafung in das Gefängnis der Provinzhauptstadt Ciudad Real werfen. Als weitere Demütigung wurden sie öffentlich in den Strassen Ciudad Reals ausgepeitscht und auf Lebenszeit ihrer Ämter enthoben.

Dieser Begebenheit waren bereits mehrere ähnliche Heiligenerscheinungen in anderen Gemeinden des Hochlandes vorausgegangen. Im Jahre 1708 hatten Indianer aus Zinacantán von einem Bildnis einer heiligen Jungfrau berichtet, das Lichtstrahlen von sich gegeben und verkündet hatte, dass die Heilige vom Himmel herabgekommen sei, um den Indianern Beistand und Hilfe zu leisten. Ein Prediger hatte damals zur Busse aufgerufen und die Indianer dazu angehalten, die kirchliche Verwaltung über das Wunder zu unterrichten. Er wurde vorübergehend in Ciudad Real inhaftiert, hielt sich aber zwei Jahre später erneut in Zinacantán auf. In der Zwischenzeit hatte man dort eine Kapelle in den Bergen errichtet, um der Heiligen zu huldigen. Die spanischen Behörden verhafteten den Prediger abermals und verbrannten die Kapelle.

Ein weiterer religiöser Kult war im Oktober 1711 im abgelegenen Santa Marta entstanden, einer tzotzilsprechenden Gemeinde im Hochland. Die spanische Verwaltung in Ciudad Real hatte jedoch erst im März 1712 davon erfahren und im Auftrag der Inquisition den Geistlichen Joseph Monroy in das Dorf geschickt, um die Verantwortlichen zur Rechenschaft zu ziehen. Auch in Santa Marta hatten die Bewohner eine Kapelle zu Ehren einer Heiligen errichtet, huldigten dort einem Bildnis und sammelten Opfergaben. Eine junge Indianerin berichtete Joseph Monroy, dass ihr die heilige Jungfrau erschienen sei, ihr eine Botschaft verkündet und den Bau der Kapelle befohlen habe. Nur durch eine List war es dem Geistlichen schliesslich gelungen, das Bildnis in Begleitung vieler Indianer nach Ciudad Real zu transportieren und dort zu verwahren. Die Verantwortlichen für den Kult wurden vor das Inquisitionsgericht gestellt und scharf verurteilt.

Auf seinem Weg nach Santa Marta im März 1712 hatte Joseph Monroy von weiteren Wundern gehört, die sich in San Pedro Chenalhó ereignet haben sollten. Es wurde ihm berichtet, dass dort zwei Heiligenbilder in der Kirche in unterschiedlichen Abständen mehrmals zu schwitzen begonnen hätten. Der Geistliche reiste nach San Pedro Chenalhó, beruhigte die aufgebrachten Bewohner und deklarierte die Wunder als Täuschung.

Angesichts dieser vorangegangenen religiösen Kulte ist die scharfe Reaktion des franziskanischen Bischof Alvarez de Toledo und die harte Bestrafung der indianischen Botschafter aus Cancuc nur wenig verwunderlich. Es musste befürchtet werden, dass diese Art religiöser Huldigungen nicht abbrechen werden und eine Bedrohung für die Autorität der offiziellen klerikalen Verwaltung bedeuten könnten. So verständlich die spanische Reaktion angesichts dieses Hintergrundes auch erscheinen mag, so war sie doch ein Faktor, der den weiteren Verlauf der Ereignisse massgeblich lenkte und dazu beitrug, dass sich der anfänglich religiöse Kult in Cancuc zu einer offenen Erhebung gegen das Kolonialregime wandelte.

Den inhaftierten Würdenträgern aus Cancuc gelang die Flucht aus dem Gefängnis der Provinzhauptstadt. Provoziert durch die aus ihrer Sicht ungerechtfertigte öffentliche Demütigung und Verhaftung, verweigerten die Indianer endgültig den Gehorsam und beschlossen, die Kapelle auch entgegen der spanischen Anweisungen nicht zu zerstören und weitere Dörfer zu ihrer Verteidigung zu mobilisieren.

Im Namen der heiligen Jungfrau verfasste ein ausgewählter Personenkreis, der im weiteren Verlauf die Führungsspitze des Aufstandes bilden sollte, in Cancuc meh-

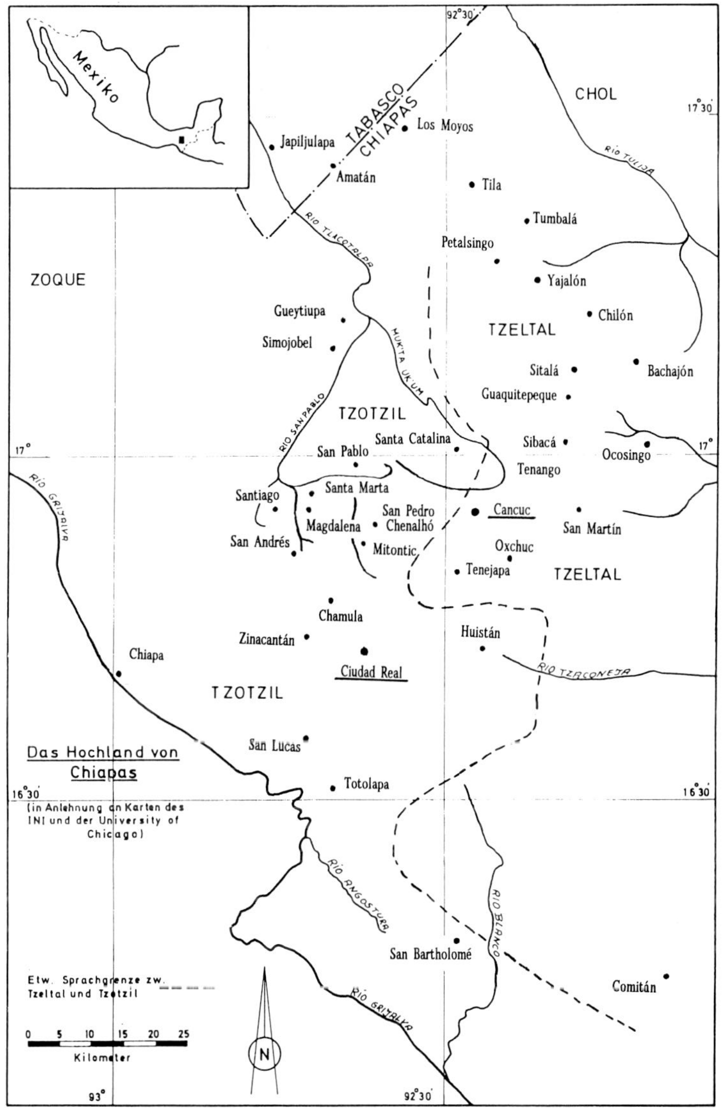

Das Hochland von Chiapas mit den wichtigsten Dörfern der Tzeltal und Tzotzil.

rere Schreiben. Darin verkündeten sie die neue Botschaft der Heiligen, die einer Kriegserklärung an das Kolonialregime gleichkam. Sie verkündeten den Tod des spanischen Königs, die Entmachtung der kolonialen Verwaltungsbehörden sowie des Klerus und forderten die Verweigerung der Tribute von der indianischen Bevölkerung. Der Aufruf zur Gehorsamsverweigerung wurde von Cancuc aus durch indianische Boten an die umliegenden Gemeinden versandt, um eine militärische Konföderation gegen die Kolonialmacht zu bilden. Als Zeichen ihrer Anerkennung und aktiven Beteiligung an der Erhebung wurden die Gemeinden zudem angehalten, ihre Kirchenschätze in Cancuc abzuliefern, wo man sie in der Kapelle der Heiligen aufbewahrte. Weigerten sich die Gemeinden diesem Aufruf nachzukommen, mussten sie mit Bestrafung rechnen, da sie nach Ansicht der Indianer aus Cancuc gegen die verbindlichen Gebote der Heiligen verstiessen.

Obwohl der Zeitpunkt für eine Vereinigung der verschiedenen indianischen Gemeinden günstig gewählt war, da die Bevölkerung aufgrund des Eingreifens der kolonialen Behörden in Santa Marta gegen die Spanier aufgebracht war, beteiligten sich dennoch nicht alle Indianer mit gleichem Eifer am Kampf gegen die Machthaber. So weigerten sich die Amtsträger von Tenango und Oxchuc, die Kirchenschätze in Cancuc abzuliefern und erklärten sich dadurch mit den Spaniern solidarisch. Sie wurden von den Aufständischen nach Cancuc verschleppt und dort als Strafe für ihren Ungehorsam zu Tode gefoltert. Auch die Gemeinden Chilón und Ocosingo beugten sich nicht den Anordnungen aus Cancuc und wurden von den Aufständischen im August 1712 überfallen und geplündert. Bei diesen Überfällen raubten die Indianer dort wohnende Spanierinnen und Ladinas und verschleppten sie nach Cancuc, wo sie sich wie Indianerinnen kleiden und deren Arbeiten verrichten mussten.

Im weiteren Verlauf der Erhebung kristallisierte sich eine spezifische interne Organisationsform heraus, die in vielerlei Hinsicht den Aufbau des spanischen Kolonialregimes widerspiegelte. Es handelte sich dabei jedoch nicht um eine blosse Kopie des kolonialen Verwaltungsapparates, sondern die spanischen Elemente erfuhren eine neue Deutung, wurden reinterpretiert und in einen neuen, spezifisch indianischen Sinn- und Funktionszusammenhang gestellt.

Ein Tzotzil-Indianer namens Sebastián Gómez de la Gloria aus San Pedro Chenalhó, der sich als Stellvertreter San Pedros auf Erden verstand, ordinierte in einer feierlichen Zeremonie in Cancuc eine indianische Priesterschaft. Die indianischen Geistlichen, die sich vorwiegend aus den ehemaligen *fiscales* rekrutierten und schreibkundige Indianer waren, trugen die Kleidung ihrer spanischen Vorgänger und nahmen deren Aufgaben wahr. Sie lasen Messen, vollzogen die heiligen Sakramente, führten die Kirchenbücher weiter und vermerkten dort gewissenhaft die Taufen und Eheschliessungen, für die sie von den Gemeindemitgliedern bezahlt wurden. Auch hinsichtlich ihrer Privilegien orientierten sich die neuen Geistlichen an ihren Vorgängern und erwarteten Ehrfurcht und Gehorsam von ihren Untergebenen. Die wichtigste Funktion der Geistlichen bestand in dem täglichen Lesen der Messen in den aufständischen Gemeinden. In ihren Predigten verkündeten sie die Botschaften der Heiligen aus Can-

cuc: es wurde der Anbruch eines neuen Zeitalters prophezeit, in dem die Indianer, befreit vom Joch der spanischen Herrschaft, in paradiesischem Zustand leben sollten, wenn sie die Gebote der heiligen Jungfrau erfüllten und den Kampf gegen die Spanier bedingungslos aufnahmen. Sollten sie sich jedoch weigern, die neuen Regeln und Gebote zu befolgen, mussten sie mit Verfolgung und Bestrafung rechnen. Sebastián Gómez de la Gloria selbst kehrte Ende September nach San Pedro Chenalhó zurück und sandte als Stellvertreter seinen Bruder Domingo nach Cancuc.
Schon zu einem relativ frühen Zeitpunkt, im August 1712, traten erste Uneinigkeiten innerhalb der Führungsspitze des Aufstandes auf. Magdalena Díaz, eine ältere Indianerin, die zu Beginn der Erhebung eine wesentliche Rolle gespielt hatte, büsste in Cancuc ihren Einfluss ein und initiierte daraufhin unter ihrer Führung einen neuen Kult in Yajalón. Dieser währte jedoch nicht lange, da indianische Soldaten aus Cancuc in Yajalón einfielen und Magdalena Díaz für das Schisma mit dem Tode bestraften. Das gleiche Schicksal ereilte einen Indianer aus Tila, der mit ausgebreiteten Armen umherlief und verkündete, er sei Jesus Christus. Einige Zeit später drohte eine Fraktionsbildung in Bachajón die Aufständischen erneut zu spalten. Ein Mestize aus Bachajón beanspruchte einen grösseren Beuteanteil aus einer Plünderung, als ihm nach Ansicht der Anführer aus Cancuc zustand. Auch er bezahlte sein Auflehnen mit dem Tode.
Das neue indianische Reich, für dessen Aufbau die Heilige jede Unterstützung zugesichert hatte, nannten die Indianer Nueva Espana. Cancuc als Verwaltungssitz und als militärisches Zentrum hiess analog zur spanischen Provinzhauptstadt Ciudad Real. In Gueytiupa wurde eine *audiencia* gegründet und der Ort wurde in Nuevo Guatemala umbenannt. Zur internen Verwaltung wurden entsprechend der spanischen Bürokratie *presidentes, virreyes, reyes, obispos, gouvernadors* und *alcaldes mayores* eingesetzt.
Um die indianische Herrschaft auf Erden herbeizuführen, formierte sich ein aufständisches Heer, dessen Soldaten aus den verschiedenen Gemeinden rekrutiert wurden. Der Aufbau dieses Heeres ähnelte nur in seiner äusseren Form dem der spanischen Streitmacht: die spanischen Titel der Heerführer sowie die Bezeichnung militärischer Ränge und Dienstgrade wurden zwar übernommen, aber die Auswahlkriterien für die militärischen Ämter waren von indianischem Gedankengut geprägt. Nicht der militärische Erfolg und die Kampferfahrenheit eines Soldaten waren für seine Karriere entscheidend, sondern die übermenschlichen Fähigkeiten, die ihm zugeschrieben wurden. So konnte ein zwölfjähriger Junge zum *capitán* ernannt werden und wurde ungeachtet seines Alters als hoher militärischer Funktionsträger anerkannt, da man annahm, er besässe mehrere *naguales* (eine Art Schutzgeister). Den Soldaten wurde versichert, sorglos in den Krieg ziehen zu können, da die Heilige für ihre Häuser sorge, die Engel die Felder bestellen und die im Kampf gefallenen Krieger wiederauferstehen würden.

Die Anführer des Aufstandes hatten geplant, zunächst Huistán zu besetzen und von dort aus die Hauptstadt Ciudad Real zu erobern, um die gesamte Provinz kontrollieren zu können. Den «Soldaten der Jungfrau» war zugesichert worden, dass die

Gewehre der Spanier anstelle von Kugeln Wasser abfeuern würden, da der göttliche Beistand auf ihrer Seite sei. Entgegen der heiligen Prophezeiung jedoch schlugen die Spanier die Aufständischen in Huistán. Ein Grund dafür kann die Unterstützung durch die Chiapaneken gewesen sein, die in die spanische Truppe integriert worden waren und sich in dem unwegsamen Gelände als äusserst gute Führer erwiesen.

Nach diesem Sieg leitete die spanische Verwaltung in Ciudad Real verschärfte Massnahmen ein, um den Aufstand niederzuschlagen. In der Provinz Chiapa selbst standen weder genügend Waffen noch Soldaten zur Verfügung, um einen erfolgversprechenden Feldzug gegen die Indianer durchführen zu können. Erschwerend kamen finanzielle Engpässe der Verwaltung hinzu, da die Indianer die Tribute verweigerten. Man verständigte den *presidente* der *audiencia* von Guatemala, Thoríbio de Cosío, über die Lage der Provinz und forderte auch aus den Nachbarprovinzen militärische Verstärkung an.

Thoríbio de Cosío schickte umgehend Unterstützung nach Chiapa und beauftragte Nicolás de Segovia mit der militärischen Niederwerfung des Aufstandes. Ende August 1712 traf Segovia in Ciudad Real ein und plante die weitere Strategie zur Befriedung der Provinz. Währenddessen überfielen die Aufständischen weitere Gemeinden, die sich nicht den Geboten aus Cancuc beugten. Anfang September massakrierten sie die Bewohner von Simojobel und Gueytiupa und brannten die Dörfer nach der Plünderung nieder.

Segovia plante, das spanische Heer in mehrere Kompanien zu unterteilen, um die Aufständischen von verschiedenen Seiten angreifen zu können. Diese Strategie war jedoch nur bedingt erfolgreich. Bei weiteren Kämpfen in San Pedro Chenalhó siegten die Aufständischen, während bei der Schlacht in Oxchuc die Spanier ihre indianischen Gegner besiegten. Dennoch gelang es den Kolonialherren nicht, das Heer der Aufständischen endgültig zu zerschlagen.

Angesichts der regionalen Ausbreitung des Aufstandes und der damit verbundenen Bedrohung der Nachbarprovinzen beschloss Thoríbio de Cosío in Guatemala, seine Pflichten als königstreuer Vasall zu erfüllen und persönlich die militärische Leitung der Niederwerfung der Erhebung zu übernehmen. Nach kurzen Beratungen in Guatemala brach er mit seiner Streitmacht Richtung Ciudad Real auf, wo er Ende Oktober 1712 eintraf. Dort befahl er kurz nach seiner Ankunft allen Truppen und Kompanien in die Provinzhauptstadt zurückzukehren, um das gesamte Heer zu sammeln und neu zu formieren. Nach ausführlichen militärischen Beratungen wurde eine neue Strategie zur Befriedung des Gebietes entworfen. Die Heerführer beschlossen, mit der gesamten zur Verfügung stehenden Armee direkt nach Cancuc zu marschieren, um die Hochburg des Aufstandes niederzuwerfen und das Führungs- und Entscheidungszentrum der Indianer zu vernichten.

Während sich die spanische Armee Cancuc näherte, wurden die geraubten Spanierinnen und Ladinas aus Chilón und Ocosingo mit Indianern verheiratet. Dazu wurde ein Heiratsaufgebot bestellt, und die Eheschliessungen wurden in die Kirchenbücher eingetragen. Die Heiratszeremonien selbst verliefen streng nach spanischem Vorbild. Die Führungsspitze des Aufstandes jedoch war durch erneute Machtkämpfe und Intrigen geschwächt.

Mehrere Anführer hatten ihre Führungspositionen eingebüsst und wurden öffentlich in Cancuc ausgepeitscht.
Kurz bevor die spanische Streitmacht Cancuc angriff, liess die heilige Jungfrau eine weitere Verheissung verkünden und versicherte ihren Soldaten erneut den Sieg, auch wenn der Kampf erst nach fünf Jahren beendet sein sollte. Auch diese göttliche Verheissung erwies sich als Täuschung und blieb unerfüllt. Nach erbitterten Kämpfen, bei denen auf indianischer Seite weitaus mehr Tote und Verletzte als auf spanischer zu beklagen waren, errangen die Kolonialherren am 21. 11. 1712 den Sieg über Cancuc. Den Anführern des Aufstandes und der Familie von María de la Candelaria gelang die Flucht in die Berge.
Die Sieger besetzten die Hochburg des Aufstandes und verhörten indianische Gefangene. Die Gerichtsverhandlungen verliefen nach dem streng formellen Charakter der spanischen Bürokratie mit vereidigten Übersetzern, die stereotype Fragen an die Angeklagten stellten. Zur Abschreckung wurden die Verurteilten in Cancuc öffentlich gedemütigt und hingerichtet. Die Gerichtsvorsitzenden erliessen eine Amnestie für alle Aufständischen, die sich freiwillig stellten. Tatsächlich folgten viele Indianer diesem Aufruf, kamen aus den Bergen und baten um Gnade vor spanischem Recht.
Trotz ihrer Niederlage reorganisierten sich die noch aufständischen Indianer in den Bergen und formierten ihr Heer erneut. Dabei erfolgte eine Umstrukturierung, wobei die Personen, denen übermenschliche Fähigkeiten zugeschrieben wurden, noch stärker als bislang in den Mittelpunkt rückten. In Yajalón entstand ein zweites Zentrum, von wo aus weitere Aktionen geplant wurden. Die neuen Anführer bestraften indianische Überläufer, die das Amnestieangebot angenommen hatten, und verfolgten flüchtige indianische Soldaten in den Bergen. Mitte Dezember 1712 überfielen sie nochmals Chilón und bestraften die Bewohner für die Annahme des Amnestieangebotes. Die Boten, die im Auftrag der Spanier das Amnestieangebot an die Gemeinden weiterleiten sollten, wurden für ihre Kollaboration mit den Feinden getötet. Die militärische Leitung der Spanier beschloss nun, die Armee abermals in mehrere Kompanien zu teilen und die noch aufständischen Dörfer von verschiedenen Seiten her anzugreifen. Diese Strategie erwies sich nun als erfolgreich. Hinzu kam die verstärkte Unterstützung und Nachschublieferung aus den angrenzenden Provinzen. So hatte der *alcalde mayor* von Tabasco inzwischen die nördlichen Grenzen der Provinz durchbrochen und die Aufständischen in diesem Gebiet unterworfen. Auch er hielt in den von ihm besetzten Orten Gericht und führte öffentliche Schauprozesse zur Abschreckung durch. Angesichts dieser militärischen Übermacht konnte schliesslich auch der letzte indianische Widerstand im Februar 1713 gebrochen werden, und die spanischen Kompanien trafen wieder in Ciudad Real ein. Es war den Spaniern zwar gelungen, einige der bedeutendsten Anführer des Aufstandes gefangenzunehmen und zu verurteilen, die Familie María de la Candelarias jedoch konnte erst im März 1716 durch den Verrat eines indianischen Kollaborateurs aus Yajalón gestellt werden.
Trotz der harten Bestrafung der Gefangenen und den öffentlichen Hinrichtungen traten im April und Juni 1713 erneut religiöse Kulte im Hochland auf, die nach ei-

nem ähnlichen Grundmuster wie in Cancuc ausgerichtet waren. Sie wurden jedoch von den Spaniern kurze Zeit nach ihrer Entstehung zerschlagen und konnten sich nicht weiter ausbreiten.
Nach der endgültigen Befriedung der aufständischen Provinz Chiapa blieb der Lohn der spanischen Krone nicht aus. Der König im Mutterland ehrte seine getreuen Diener mit Beförderungen und Auszeichnungen (AGI, Legajo 294). Die offizielle Berichterstattung an den königlichen Hof war jedoch keineswegs frei von eitler Selbstdarstellung und Überhöhung der eigenen Erfolge. So erreichten die königlichen Belobigungen auch nur diejenigen, die es geschickt verstanden, sich in den Vordergrund zu spielen, während die Leistungen anderer mit keinem Wort des Dankes von der Krone gewürdigt wurden.
Der Aufstand der Tzeltal beschäftigte die Bürokratie auch noch Jahre nach seiner Niederwerfung. Die Verwaltung leitete mehrere Umsiedlungsprogramme ein, um die abgelegenen Dörfer besser kontrollieren zu können. Diese Massnahmen waren jedoch nur bedingt erfolgreich, und teilweise mussten die Dörfer nach einiger Zeit wieder an ihre ursprünglichen Orte zurückgesiedelt werden. Die Frage der Tributerhebung wurde noch über Jahre hinweg diskutiert, da die Provinz durch die Wirren des Aufstandes völlig verarmt und ausgeblutet war.
Der Aufstand der Tzeltal zählt zu den grössten kolonialen Erhebungen in der Neuen Welt. Seine herausragendsten Merkmale sind zum einen die vereinte, zielgerichtete Vorgehensweise verschiedener indianischer Gemeinden, begleitet von der Entstehung einer Konföderation auf höherer Ebene, zum anderen seine differenzierte interne Organisationsform. Die indianische Herrschaft sollte durch die Vertauschung der sozialen Rollen und Positionen erzielt werden und nicht durch die Abschaffung des kolonialen Verwaltungsapparates als solchem. Die spanischen Institutionen und Hierarchiestufen wurden vielmehr beibehalten und in ihrer äusseren Form genutzt, um eine effektive Verwaltung des indianischen Reiches aufbauen zu können. Gerade diese aussergewöhnliche Strategie jedoch muss auf die spanischen Machthaber besonders provozierend gewirkt und zur Eskalation beigetragen haben. Diejenigen Elemente, die den Herrschaftsanspruch der Machthaber untermauerten, nämlich ihre feudal und ständisch begründeten Abgrenzungskriterien und Privilegien, wurden von den Aufständischen ihrem Weltbild entsprechend reinterpretiert und in modifizierter Form von ihnen beansprucht.

Literatur

Archivo General de Indias (AGI), Sevilla, Spanien, Legajo 294 -2F- 9 de diziembre de 1713 (F2r), Madrid, El Rey, A Don Francisco Medina Cachon, Alcalde Mayor de Tabasco . . .

Victoria Reifler Bricker: The Indian Christ, the Indian King. The Historical Substrate of Maya Myth and Ritual. Austin 1981.

Eveline Dürr: Der Aufstand der Tzeltal (1712–1713). Analyse einer Revitalisationsbewegung im kolonialen Mesoamerika. Münster 1991.

Kevin M. Gosner: Soldiers of the Virgin: An Ethnohistorical Analysis of the Tzeltal Revolt of 1712 in Highland Chiapas. Diss. University of Pennsylvania 1984.

Francisco Ximénez: Historia de la Provincia de San Vicente de Chiapa y Guatemala de la Orden de Predicadores. Sociedad de Geografía e Historia de Guatemala, Bibiloteca «Goathemala», vol. XXIV–XXVI, XXIX, Guatemala 1971–1973. (1. Aufl. 1929–31, Guatemala).

Ulrich Köhler

Europäer und andere Fremdvölker aus der Sicht der Tzotzil von San Pablo

Pableros an einem Fest.

Wie schätzen heutige Indianer Lateinamerikas Fremde und zumal die Europäer ein? Und wie schneiden insbesondere die Spanier in ihrem Urteil ab?

Im Laufe zweijähriger Feldforschung in den sechziger Jahren und wiederholter nachfolgender Besuche bei den Tzotzil von San Pablo im Südosten Mexikos hatte ich Gelegenheit, diesem Thema nachzugehen. Diese Untergruppe der Tzotzil lebt besonders weit von städtischen Zentren und grösseren Verkehrswegen entfernt, so dass sich bei ihr wohl zum Teil archaischere Formen der Weltsicht erhalten haben als bei einigen ihrer Nachbarn.
Jedem Reisenden im Hochland von Chiapas, dem Wohngebiet der Tzotzil, fällt rasch auf, dass es hier trotz zahlreicher unterschiedlicher Trachten der einzelnen Indianergemeinden vor allem eine ethnische Zweiteilung gibt: die zwischen Indianern und spanisch sprechenden Mexikanern. Letztere sind überwiegend Mestizen und dominieren den Handel der Stadt San Cristóbal sowie auch den der Hauptdörfer einiger Indianergemeinden. Sie selbst halten sich den Indianern gegenüber in jeder Hinsicht für überlegen und zeigen dies auch in deren Behandlung. Das bedeutet nicht, dass sie etwa indianische Angestellte durchweg schlecht behandeln, doch lässt ihre Art im Umgang mit den Indianern erkennen, dass sie diese nicht für vollwertig halten. In der vergleichsweise angenehmsten Form äussert sich dies in einem ausgeprägten Paternalismus. Ihr Hochmut gründet sich vor allem auf angenommene kulturelle Überlegenheit und äussert sich etwa in Sprüchen wie: «Nur wir haben eine Sprache, die Indianer bloss Dialekte» oder «Nur wir haben Kultur, die Indianer bloss Sitten».

Wie sehen das nun aber die Indianer von ihrer Warte aus? Manche von ihnen wirken auch heute noch etwas verschüchtert, wenn sie in die Stadt San Cristóbal kommen. Daraus könnte vielleicht der Eindruck entstehen, sie hätten die Sichtweise der Mestizen, die man in dieser Gegend Ladinos nennt, grossenteils übernommen. Fragt man die Indianer aber selbst, was sie einerseits von Ladinos, andererseits aber von ihrer eigenen Lebensweise halten, dann ergibt sich doch ein unerwartet anderes Bild.
Bezüglich der Lebensweise der Ladinos heben Indianer vor allem hervor, dass jene reich sind, gute Häuser und viel Land besitzen, das sie nicht einmal selbst bearbeiten, sondern bearbeiten lassen. Das sind Umstände, unter denen die Indianer selbst gern leben würden, so dass sie durchaus als positiv bewertet werden können. Als nicht so vorbildlich wird demgegenüber das Verhalten der Ladinos beurteilt, insbesondere im Umgang mit Indianern. Hier steht im Vordergrund, dass sie sie im Handel zu übervorteilen versuchen und besonders diejenigen Indianer schlecht behandeln und ausnutzen, die am ärmsten sind und sich nicht wehren können. Besitzer von Plantagen stehen in besonders schlechtem Ruf, da sie genau wie die Händler zu erhöhten Zinsen Geld verleihen und darüber hinaus nach Gutdünken indianische Haustiere, die auf ihr Gebiet kommen, abschiessen. Ausserdem wird den Plantagenbesitzern nachgesagt, dass sie sich gerne an indianischen Mädchen vergreifen, die bei ihnen arbeiten. Das macht sie für die Indianer keineswegs sympathischer.
Aufgrund der bisherigen Schilderung könnte man vielleicht den Eindruck gewinnen, eine ablehnende Haltung gegen-

über den Ladinos gründete sich vor allem auf ein Gefühl der Unterlegenheit, sei es auf wirtschaftlichem oder auf anderem Gebiet. Diese Interpretation hat durchaus einen wahren Kern, lässt aber nur einen Ausschnitt aus dem Gesamtbereich der interethnischen Beziehungen und dem in diesem Kontext empfundenen Selbstwertgefühl der Indianer erkennen. Wie nicht selten, äussert sich auch hier die Hochschätzung der einen Gruppe durch besonders abfällige Bemerkungen über andere. Die Ladinos werden von den Indianern normalerweise als *kaxlan* (von «castellano») bezeichnet, bei genauerer Charakterisierung ihrer Eigenschaften jedoch als *xnich'on tz'i'*, «Abkömmlinge von Hunden». Dies ist mindestens so abfällig gemeint, wie es für unsere Ohren klingen mag. Diese Zuordnung der Ladinos innerhalb der belebten Umwelt gründet sich auf eine weitverbreitete Mythe, nach der es infolge kriegerischer Auseinandersetzungen bei den Ladinos nur noch Frauen gab, die sich dann mit Hunden vergnügten. Viel wichtiger für die Erhärtung und Tradierung dieser Einschätzung der Ladinos ist jedoch deren aus der Sicht der Indianer gänzlich unkultiviertes verbales Verhalten. Während jede Art der verbalen Interaktion bei Indianern von einem hohen Mass von differenzierter Etikette geprägt ist, vermissen sie dies gänzlich auf seiten der Ladinos – und um so mehr, wenn jene mit Indianern sprechen. Ein herausragendes Negativbeispiel ist dabei das laute Brüllen und Keifen, mit dem Ladino-Frauen anbietenden Indianern ihre Ware zu einem Bruchteil ihres Wertes abzunehmen versuchen. Gerade dieses an Gekläff erinnernde einseitige Feilschen bestätigt immer wieder die Aussage der Mythe. – Benachbarte Indianer beschreiben die Abgrenzung gegenüber den Ladinos in einer anderen Mythe (Pitt-Rivers 1967). Nach dieser sind die Indianer aus gutem Ton gemacht, die Ladinos dagegen aus Pferdemist. Inhaltlich ist damit etwa dasselbe ausgesagt.

Die indianische Lebensweise wird als besser empfunden, vor allem, wenn man etwas Land hat und damit auch Mais, Bohnen, Hühner und Schweine. Da lebt man zufrieden zu Hause und muss nicht zur Arbeit in die Ferne, etwa auf eine «finca» (Plantage) gehen. Aber auch wenn jemand arm ist und kaum Land hat, so dass er Arbeit suchen muss, ist es von Vorteil für ihn, bei Indianern zu arbeiten. Da arbeitet der Besitzer des Landes gemeinsam mit den von ihm angestellten Männern, und es gibt keine Schikane. Hier wird also besonders darauf abgehoben, dass die zwischenmenschlichen Beziehungen angenehmer sind.

Die Indianer der verschiedenen benachbarten Tzotzil-Gemeinden werden als ähnlich empfunden, wenn auch auf die eine oder andere Weise mit gewissen Abstrichen. So wird etwa kritisch angemerkt, dass jene das Tzotzil «nicht ganz richtig» sprechen. Die Dialektunterschiede werden also nicht als gegeben hingenommen, sondern an der Variante von San Pablo gemessen und gewertet. Zu dieser ethnozentrischen Haltung – die im übrigen bei allen Indianergemeinden der Region anzutreffen ist – gehört nicht zuletzt auch die Ansicht, dass der eigene Schutzpatron ranghöher ist als diejenigen der Nachbargemeinden und dass sich letztlich nur im eigenen Ort der echte Nabel der Welt, *xmixik balamil*, befindet, wenngleich auch die verschiedenen Nachbarn dasselbe für ihre jeweilige Gemeinde behaupten. Geringe Präferenzen oder Antipathien für

Esst ihr wirklich Menschenfleisch? Ich esse lieber Mais.

die eine oder andere benachbarte Gruppe der Tzotzil scheinen kein allgemeines Grundmuster zu ergeben, sondern dürften eher auf individuellen Erfahrungen oder Einstellungen beruhen. Über die Chamula wurde gelegentlich eher positiv bemerkt, dass sie über verschiedene handwerkliche Fähigkeiten verfügten, etwa die Tätigkeit als Maurer.

Was die benachbarte Sprachgruppe der Tzeltal betrifft, so haben die Pablero am ehesten Kontakt zu Gruppen aus Tenejapa oder Cancuc, darüber hinaus scheinen aber auch Orte wie Oxchuc oder Sitalá allgemein bekannt zu sein. Obwohl die beiden Sprachen nahe miteinander verwandt sind, behaupten Pablero immer wieder, das Tzeltal nicht zu verstehen, was als deutliche ethnische Abgrenzung gedeutet werden kann. In die gleiche Richtung geht die Charakterisierung von Cancuc und Tenejapa als Orte, in denen viel Hexerei getrieben werde. Von den Tenejapaneco wird darüber hinaus auch gesagt, sie ässen so unappetitliche Tiere wie Hunde oder Schlangen. Für das Bild vom Fremden ist es dabei unerheblich, dass alle befragten Tenejapaneco den Verzehr der genannten Tiere weit von sich wiesen. Von weiteren indianischen Gruppen ist wenig bekannt, ausser dass sie gänzlich anders und besonders hässlich sprechen und dies etwa so klinge, wie wenn ein Truthahn Laute von sich gibt. In neuerer Zeit werden über die regionalen Radiostationen regelmässig auch Programme in Zoque, Ch'ol oder Tojolabal gesendet. Diese dürften die vorhandenen Vorurteile wegen der tatsächlichen klanglichen Unterschiede eher noch verstärken.

Europäer und Nordamerikaner werden in weiterem Sinne der Gruppe der Ladinos zugeordnet (etwa wegen der Kleidung), zunehmend aber als eigene Volksgruppe verstanden. Als noch weniger bekannte Fremde gelten sie dabei eher als gefährlicher, und die Sitten, von denen man annimmt, dass sie sie haben, als exotischer. Die Ladinos sind zwar keineswegs beliebt, aber man hat mit ihnen doch einige Gemeinsamkeiten, etwa bei einem Grossteil der Nahrung, und man kann ihr Verhalten einigermassen vorhersehen. In einzelnen Fällen wurde als Gemeinsamkeit auch genannt, dass sie wie die Indianer *katoliko* seien. Hochgewachsene hellhäutige Menschen werden heute üblicherweise zunächst als *kerinko* (von «gringo») angesehen, es spricht sich aber zunehmend herum, dass es auch andere Völker gibt.

Mit ähnlichem Aussehen sind den älteren Pablero vereinzelt *aliman* bekannt, die bis zum Zweiten Weltkrieg in anderen Teilen von Chiapas weithin bekannte Kaffeeplantagen unterhielten, wo sich eine grössere Anzahl von Wanderarbeitern aus dem Gebiet der Tzotzil – selten allerdings aus San Pablo – verdingte. Von den *aliman* ist gelegentlich bekannt, dass sie Krieg führten und dass von ihnen gute Werkzeuge einschliesslich Jagdwaffen stammen. Während die Plantagenbesitzer von einst vermutlich als eine besondere Art von Ladinos angesehen wurden, sind die jetzt gelegentlich erscheinenden *aliman* Angehörige eines der Fremdvölker aus weiter Ferne und damit selbstverständlich auch Menschenfresser. Obwohl ich seit über zwanzig Jahren in San Pablo als *aliman* und als jemand, der alle dort angebotenen Speisen isst, bekannt bin, fand ich diese Ansicht auch bei meinem gerade abgeschlossenen erneuten Aufenthalt (1991) mehrfach bestätigt.

Die Kenntnis von der Existenz der *paranses* beschränkt sich weitgehend darauf, dass Padre Miguel, der Pfarrer aus der Nachbargemeinde Chenalhó, der dort seit über fünfundzwanzig Jahren lebt, Franzose ist. Inzwischen scheint sich auch etwas herumgesprochen zu haben, dass *aliman* und *paranses* nicht allzuweit voneinander entfernt leben. Über die *kerinko*, die zumindest in der Stadt San Cristóbal in grösserer Zahl zu sehen sind, ist recht wenig bekannt, ausser, dass sie auch zu den Kannibalen gehören. Ihnen wird sogar nachgesagt, dass sie dieser Unsitte in besonders perverser Art frönen, indem sie nämlich Menschenfleisch vorzugsweise in der konzentrierten Form von Pillen einnehmen, die im übrigen ihre liebste Nahrung sein sollen. Das ist nicht irgendwie frei erfunden, dafür haben die Pablero vielmehr einen konkreten Beweis. Ein junger Indianer des Ortes hat nämlich einmal einen Nordamerikaner auf einer Expedition begleitet und genau dieses Verhalten beobachtet. Als er dann selbst eine der angebotenen Pillen ass, sei er daran fast gestorben. Was für schlimmere Substanzen können schon darin gewesen sein als Menschenfleisch? Kaum bekannt sind die *ruso*. Über sie wurde mir nur einmal berichtet, dass infolge von Radionachrichten über ihre ersten Satelliten, die dann auch am Himmel sichtbar waren, die Vorstellung entstanden war, sie hätten *hp'ehp'eh ssat*, d.h. nur ein Auge in der Mitte der Stirn. – Es ist wohl von Interesse, dass Spanier in keinem Falle genannt wurden und auch die konkrete Frage nach *espanyol* nur auf Unverständnis stiess. Das findet seine Entsprechung im Inhalt von Mythen und Erzählungen; denn es gibt keinerlei Überlieferung, nach der die Vorfahren der Ladinos eingewandert seien oder dass das Land einmal von einer weit entfernten fremden Macht regiert wurde.

Besonderer Bekanntheit erfreuen sich die *inkiles*, die Engländer. Von ihnen wird berichtet, dass sie an den Wurzeln des Himmels leben, d.h. besonders weit weg, wobei gelegentlich auch konkret ausgesagt wird, dass sie *ta hot nam'*, jenseits des Meeres, wohnen. Weitgehender Konsens herrscht darüber, dass sie die schlimmsten Menschenfresser sind. Hinsichtlich des Aussehens stellt man sie sich mit Bärten vor, in einem Fall wurde mir jedoch gesagt, die *inkiles* seien etwa 1m gross, hätten ein Gesicht, das in der Form eines Schnabels, etwa in der Art dessen eines Kolibris, ausläuft, und sie ernährten sich von Baumsäften und Sägespänen; das natürlich nur, soweit sie kein Menschenfleisch zur Hand hätten. Dieser Stellenwert der *inkiles* in der Vorstellungswelt der Pablero muss um so mehr verwundern, als im Hochland von Chiapas nie Engländer siedelten und auch in neuerer Zeit keine Touristen aus jenem Lande dorthin gelangen. Den Schlüssel liefern historische Berichte aus dem späten 16. sowie dem 17. Jahrhundert, nach denen englische Piraten an der Küste Tabascos eine echte Plage darstellten. Sie kamen sogar die Flüsse herauf ins Inland, so dass zeitweilig die Stadt San Juan Bautista (heute Villa Hermosa) flussaufwärts bis zum Rande des Gebirges verlegt werden musste. Auch dies erklärt allerdings noch nicht, wieso die *inkiles* eine so wichtige Rolle im Denken der auch von dort noch weit entfernt lebenden Hochlandindianer in Chiapas spielen. Sie wird erst verständlich, wenn man sich daran erinnert, dass die Vorfahren dieser Indianer während der gesamten Kolonialzeit und bis zum Beginn des 20. Jahrhunderts mehrfach im Jahr zwangsweise dazu rekrutiert wurden, in mehrtägigen Märschen Lasten zur Küste zu tragen. Damit waren sie also auch über die Dinge informiert, die dort die Gemüter bewegten.

Zumindest eine der Beschreibungen der *inkiles* deutete bereits darauf hin, dass sie sich in einem Übergangsbereich zwischen realen Fremdvölkern und mythischen Wesen befinden. Dies ist allerdings nur eine analytische Unterscheidung aus unserer Sicht, denn für die Pablero sind die anderen Wesen genauso existent. An erster Stelle sollen hier die kleinwüchsigen *h'ach'elhol*, «Lehmköpfe», genannt werden, die auf der Erdscheibe unter uns wohnen und sich allein dadurch ernähren, dass sie an Speisen riechen. Ihr Name leitet sich von der Notwendigkeit her, sich täglich ihre Köpfe mit Lehm zu beschmieren, da der Sonnengott auf seiner kreisenden Bahn zur Zeit unserer Mitternachtsstunde ihrer Wohnstatt sehr nahe kommt. Die *h'ach'elhol* lebten früher auf der Erde und werden auch als Menschen verstanden.

Bei den *h'ik'al*, den «Schwarzen», gilt dies nur noch mit erheblicher Einschränkung. In der Vorstellungswelt dominieren hier diejenigen, die fliegen können, und bei ihnen handelt es sich um gefährliche und trickreiche Dämonen, die sich vorzugsweise von rohem Fleisch ernähren (vgl. Köhler 1985). Die Kinder dieser fliegenden Schwarzen werden gleich nach der Geburt einem Test unterzogen, bei dem man sie kräftig gegen ein feines Drahtnetz oder Sieb wirft. Gelangen sie unbeschadet hindurch und nehmen auf der anderen Seite wieder ihre ursprüngliche Form an, so werden sie zu fliegenden Dämonen. Klatschen sie dagegen einfach gegen das Sieb und fallen zu Boden, tauft man sie, und sie werden zu Plantagenarbeitern des Tieflandes, d. h. Menschen. Ihr Erscheinungsbild wie auch dasjenige der genannten fliegenden Dämonen orientiert sich offenbar stark an dem der während der Kolonialzeit eingeführten Sklaven aus Afrika, deren Nachkommen jedoch nur vereinzelt Spuren in der heutigen Mestizenbevölkerung hinterlassen haben. Die Bezeichnung von Sorghum als *yixim h'ik 'al*, «Mais des/der Schwarzen» erinnert an jene Zeit, als die gezwungenermassen aus Afrika Eingewanderten noch eine eigene Bevölkerungsgruppe darstellten.

Nur als Geistwesen werden die *hurio* ver-

Tanzgruppe junger Pableros beim Karneval am Umtrunk mit Chicha.

standen, über deren Äusseres ich auch nichts Näheres erfuhr. Beim Namen *turku* könnte man leicht eine Beziehung zu einem Volk im Südosten Europas vermuten – und auf irgendwelchen Umwegen mag eine solche auch existiert haben –; die einzige genauere Schilderung, die ich dazu erhielt, bezog sich allerdings auf ein hundeartiges Wesen, das an einen Himmelpfeiler angekettet ist und durch sein wildes Zerren Erdbeben verursacht (zumeist geschieht dies allerdings dadurch, dass Götter, die den Himmel tragen, etwas schwanken).
Die genannten Fremdvölker oder Geistwesen weisen zum Teil recht unterschiedliche Charakteristika auf, und es soll nun der Versuch unternommen werden, aufzudecken, nach welchen Kriterien die Abgrenzung vorzugsweise erfolgt. Dabei zeigt sich, dass drei Gesichtspunkte im Vordergrund stehen, nämlich die äussere Erscheinung, die Sprache und keineswegs als letzter oder unwichtigster die Ernährungsweise. Bei den grosswüchsigen und hellhäutigen Nordamerikanern und Europäern sowie auch den Afrikanern und ihren Nachkommen menschlicher und dämonischer Art spielt offenbar die äussere Erscheinung eine wichtige Rolle. Bei den Ladinos sowie den verschiedenen indianischen Gruppen kommt demgegenüber der Sprache grösseres Gewicht zu. Abgesehen von der Abgrenzung gegenüber den Ladinos spielt jedoch offenbar ein weiterer Gesichtspunkt die Haupt-

rolle, nämlich die jeweilige Speise oder Lieblingsspeise. Die unter der Erde lebenden früheren Bewohner des Gebietes von San Pablo haben zwar dieselben Speisen, riechen aber nur daran; die in näherem Umfeld der Pablero hausenden schwarzen Dämonen essen rohes Fleisch; die etwas weiter entfernten Tzeltal essen Hunde und Schlangen; die weit entfernt lebenden Nordamerikaner und Europäer dann aber Menschenfleisch. Die Regel «Sage mir, was du isst, und ich sage dir, wer du bist» findet sich für Mexiko bereits im Bericht des Eroberers Bernal Díaz del Castillo und lässt sich bei vielen Völkern der Erde nachweisen, etwa auch bei den Matsigenka in Südamerika (Baer 1984). – Von grundsätzlicher Bedeutung scheint mir vor allem die Beziehung von geographischer Distanz bzw. wachsender Unkenntnis des Fremden und angenommenem Kannibalismus zu sein. Eine hierzulande durchgeführte Meinungsumfrage würde vermutlich zu einem ähnlichen Ergebnis führen.

Durch Schulen und Radiostationen gelangen seit etwa drei Jahrzehnten zunehmend mehr Namen fremder Völker auch zu den Pablero. Das um so mehr, als inzwischen fast jeder Haushalt über ein Transistorradio verfügt. Aus der Kenntnis der Namen darf aber noch nicht geschlossen werden, dass dadurch eine nähere Charakterisierung oder eine halbwegs korrekte geographische Zuordnung erfolgte. Wie wenig dies für die Pablero, die als Bergbauern weit verstreut im Gebirge leben, zutrifft, lässt sich vielleicht durch die Aussage eines in ihrer Gemeinde tätigen Lehrers erahnen, der meinte, die Flugzeuge, die man dort gelegentlich am Himmel sieht, seien diejenigen, die zwischen Deutschland und Italien verkehrten. Derartige geographische Kenntnisse indianischer Lehrer des Hinterlandes verwundern allerdings nicht, wenn man sie mit denen von Ladinos aus der Stadt San Cristóbal vergleicht. Etwa während der Falkland-Krise bewegte jene vor allem die Frage, ob denn die «Malvinas» näher bei England oder Argentinien lägen.

Ob nun genauer verstanden oder auch nicht, solches Wissen über fremde Völker wird von den Pablero auch gezielt in traditionelle Ausdrucksformen übernommen, wenn es im Hinblick auf das angestrebte Ziel als nützlich erscheint. Das ist etwa der Fall bei einem Gebet zur Abwehr von Winden, die die Maisfelder zerstören können. Hier ist es notwendig, die Namen möglichst vieler und wenn irgend möglich aller Völker der Erde zu nennen, um das eigene Gebiet wirkungsvoll abschirmen zu können. Neben den Namen der unmittelbaren Nachbarschaft und grösserer Städte Mexikos finden sich nun im Gebet des wichtigsten Spezialisten San Pablos für diese Art von Ritualen, auch die folgenden Namen: *Arhentina* und *Chila, China* und *Hapon, Estalos Unidos* und *Rusia* sowie *Pransya, Inkilterra, Alimanya* und *Italya*. Erst beim zweiten Hinsehen fällt auf, dass ein Name fehlt: Spanien. Für die Weltsicht dieser Indianer – die alle *Komis, Lopis, Lotrikes* o. ä. heissen – kann also trotz fast 300jähriger Kolonialherrschaft zum 500jährigen Jubiläum der Entdeckung der Neuen Welt festgehalten werden: Spanien und Spanier gibt es nicht.

Literatur

Gerhard Baer: Die Religion der Matsigenka – Ost-Peru. Monographie zu Kultur und Religion eines Indianervolkes des Oberen Amazonas. Basel 1984.

Benjamin N. Colby and Pierre L. van den Berghe: Ethnic Relations in Southeastern Mexico. American Anthropologist 63, 1971: 772–792.

Ulrich Köhler: Chonbilal Ch'ulelal. Grundformen mesoamerikanischer Kosmologie und Religion in einem Gebetstext auf Maya-Tzotzil. Wiesbaden 1977 (Acta Humboldtiana, Series Geographica et Ethnographica 5).

ders.: Patterns of Interethnic Economic Exchange in Southeastern Mexico. Journal of Anthropological Research 36, 1980: 316–337. Albuquerque.

ders.: The Flying Blackman in Highland Chiapas and Beyond. New Aspects from the Northern Tzotzil Area. Latin American Indian Literatures Journal 1 (2), 1985: 122–137, Beaver Falls.

Julian Pitt-Rivers: Words and Deeds: The Ladinos of Chiapas. Man 2, 1967: 71–86.

Susanne Hammacher

Ue'naca ngo she nica né'
Das Haus, das unseren Weg aufnimmt

Das Kulturzentrum der Triqui in Mexiko

Im Kulturzentrum basteln die Kinder Karnevals-Masken.

Dezember 1990: San Andres Chicahuaxtla, Oaxaca, Mexiko

Ein kleiner Raum im Gemeindehaus *(palacio municipal)* von Chicahuaxtla, einem Triqui-Indianerdorf in der Mixteca Alta Mexikos: Den Wänden entlang Gestelle, die sich unter der Last von ethnologischen Fachbüchern, Propagandabroschüren, Ordnern, Tonband- und Videokassetten gegen die weiss gekalkten Wände gelehnt haben. Darüber Plakate vom 1. indianischen Kongress in Pátzcuaro, Manifeste, Photos, als Wandbehang eine *servieta* (kleine Decke) mit den für die Triqui-Indianer typischen rotgrundigen Musterstreifen, von Kindern angefertigte Masken und Zeichnungen. Ins Auge springt mir – neben einer italienischen Espressomaschine, zwei Schreibmaschinen und einem riesigen Lautsprecher – vor allem die umfangreiche Tonband- und Videoeinrichtung. – Was ich denn zuerst sehen wolle? Einen Querschnitt über den Tanz- und Musikwettbewerb des letzten Karnevals, eine Dokumentation der Osterwoche, eine Selbstdarstellung des Dorfes oder die Reportage über ein Massaker an 8 Menschen aus dem Nachbardorf, infolge von Grenzstreitigkeiten? – Was mich hier an die Studierstube eines Ethnologen oder «Bude» eines Studenten der Film- und Medienakademie erinnert, ist das *Kulturzentrum der Triqui*. Das Projekt, das mir 1986 im Entwurf vorgestellt und erläutert worden war, ist vier Jahre später in die Wirklichkeit umgesetzt worden.

Traditionelles Wissen: Ethnische Identität und Widerstand

Die Triqui zählen mit rund 12000 Menschen zu einer der kleinsten der 52 verschiedenen ethnischen Gruppen Mexikos. Sie leben in der Mixteca Alta, im westlichen Hochland des Bundesstaates Oaxaca. Chicahuaxtla liegt auf rund 2600 Metern Höhe in der *tierra fría*, dem kalten Hochland, wo ausser Mais, Bohnen und Kichererbsen nur wenige Anbaufrüchte gedeihen. Einige Familien haben aber auch kleine Felder im tiefer gelegenen gemässigten Gebiet, wo Zuckerrohr, Gemüse und ein wenig Kaffee wachsen. Dennoch können sich viele Bauernfamilien nicht das ganze Jahr von den Erträgen ihrer Felder ernähren. Ziegen- und Rinderhaltung sowie Handwerk bieten ebenfalls keine vollwertige Ergänzung. Migration, entweder als Wanderarbeiter in die Zukkerrohrfelder des Tieflandes oder als Arbeiter oder Hausangestellte für einige Monate nach Mexiko-Stadt, ist deshalb schon seit etlichen Jahren für viele Triqui aus Chicahuaxtla eine ökonomische Überlebensstrategie. Mit dem Bau einer regional bedeutenden Strasse zwischen den Städten Putla und Tlaxiaco im Jahr 1962, die unmittelbar am Dorf vorbeiführt, haben die Einflüsse und Kontakte mit der mestizischen Aussenwelt stark zugenommen. Dennoch haben die Triqui, vielleicht noch in stärkerem Masse als ihre mixtekischen Nachbarn, ihre kulturellen Traditionen bewahrt und sehr selektiv und bewusst Neuerungen von aussen übernommen und integriert. Wichtigstes Integrationselement ist zweifellos die Sprache. Untereinander wird ausschliesslich Triqui gesprochen, obwohl fast alle Männer und zunehmend auch die jüngeren Frauen Spanisch und Mixtekisch beherrschen. Die Art sich auszudrücken, die Begriffe ihrer Umgebung, die ihnen eigene Form gegenseitiger Höflichkeit, ihre Begrüssungsfloskeln, ihr Humor, die Poesie ihrer

Eine Videodokumentation der Osterwoche war eines der ersten Film-Projekte des Kulturzentrums.

Geschichten und Lieder sind an ihre Sprache gebunden und lassen sich beispielsweise nur sehr rudimentär und schwerfällig auf Spanisch ausdrücken. Die Weltsicht der Triqui setzt sich aus ihrer natürlichen Umgebung und einem politischen, wirtschaftlichen und spirituellen Beziehungssystem zusammen. So kennen sie beispielsweise kein Wort für «Natur». Statt dessen benutzen sie den Begriff «Welt» oder «unsere Welt». (Vergleiche hierzu die Dissertation von Jutta Blauert (1989). Sie geht sehr ausführlich auf das Wissen und die Technik des Anbaus insbesondere unter dem Gesichtspunkt der angepassten, umweltgerechten Ressourcennutzung ein.) Die Menschen stehen dabei in einer Abhängigkeitssituation von gegenseitigen Rechten und Verpflichtungen gegenüber den sie umgebenden Naturelementen. Dies drückt sich beispielsweise beim Anbau oder Sammeln von Nahrungs- und Heilpflanzen und im Wissen über deren Zubereitung und Verwendung aus. Durch individuelle *naguales* (meist Tiere, mit denen eine schicksalhafte Alter-Ego-Beziehung besteht und die als Schutzgeister betrachtet werden) fühlen sie sich unmittelbar mit den Naturelementen verbunden.

Alle Frauen und Mädchen tragen die traditionelle Kleidung bestehend aus einem Wickelrock, einem weiten, bodenlangen, aufwendig gemusterten *huipil* (Bluse) und einem dicken wollenen *rebozo* (Umschlagtuch). Praktisch alle Frauen können auch weben und stellen diese Kleidungs-

Kinder führen traditionelle Tänze beim Abschlussfest der Primarschule auf.

stücke selbst her. Früher kauften sie die Woll-*rebozos* und gleich gemusterten Ponchos der Männer von den benachbarten Mixtecos. Als diese die Herstellung aufgaben, haben die Frauen selbst die Webtechnik gelernt, um ihre Familien weiterhin mit diesem traditionellen und sehr funktionellen Kleidungsstück zu versorgen. Die Technik des Blockhüttenbaus oder eines Schwitzbades *(temascal)* gehören ebenso wie das Spezialwissen von Heilern, Hebammen oder Musikern zum kulturellen Gemeinschaftserbe der Triqui. Auch in sozialer und politischer Hinsicht gibt es Strukturen, die die ethnische Identität stützen und bewahren helfen. Der traditionelle Dorfrat setzt sich aus einem jährlich wechselnden Team von *autoridades* (Autoritäten), dem «Obersten Rat der Triqui» und den *mayordomos*, den jeweiligen Trägern bestimmter ziviler und religiöser Ämter, zusammen. Die von der mexikanischen Verfassung verlangten Repräsentanten stehen häufig in Personalunion mit den traditionellen Führern des Dorfes. Ein Netz gegenseitiger sozialer Verpflichtungen, meist auf Grundlage von Patenbeziehungen *(compadrazgo)* oder mit einem Amt im Heiligenkult *(mayordomía)* verbunden, stärkt das ethnische Bewusstsein und beeinflusst entscheidend das lokale Wirtschaftssystem. Wer die verschiedenen Ämter in einer *mayordomo*-Hierarchie durchlaufen hat, gilt als *anciano*, ein politisch einflussreicher «alter Weiser».

Traditionelles Wissen und die Kenntnis über die Nutzung der Umweltressourcen sind nicht nur eine Form von Überlebensstrategie. Sie sind auch entscheidende Faktoren der eignen ethnischen Identität und eine Art indianischen Widerstandes.

Das Haus, das unseren Weg aufnimmt – Ue'naca ngo she nica né'

Das *Centro Cultural Triqui* entsprang der Initiative einiger junger lokaler Lehrer und wurde 1986 gegründet. Es wird gegenwärtig hauptamtlich von zwei Brüdern getragen, die als Lehrer beziehungsweise Mitarbeiter in staatlichen Entwicklungsorganisationen im Umgang mit Behörden und regierungsunabhängigen Organisationen (engl.: Non Governmental Organizations – NGO's) Erfahrungen gesammelt haben. Hauptanliegen des Zentrums ist es, die Geschichte und die kulturellen Werte der Triqui-Indianer systematisch zu dokumentieren, zu bewahren und durch aktive Auseinandersetzung am Leben zu erhalten.

Dabei wird einerseits das Wissen der Ältesten, d. h. ihre Geschichten, Legenden, die Erfahrungen im Umgang mit der Natur wie z. B. Heilpflanzen, systematisch aufgenommen und in Form von Tonband- und Videoaufzeichnungen oder Niederschriften festgehalten. Zum anderen werden alle erreichbaren schriftlichen historischen Quellen und Publikationen über die Region und die eigene Kultur zusammengetragen. Dieses in einem lokalen Archiv gesammelte Material soll analysiert und im Schulunterricht, in Arbeitsgruppen, Theaterstücken, Musikgruppen, Radiosendungen oder Broschüren den eigenen Leuten vermittelt werden. Ziel ist es, eine aktive und kreative Auseinandersetzung mit den eigenen Traditionen zu fördern und gleichzeitig die Kultur gegen eine direkte Unterwanderung von aussen zu schützen.

Die eigentliche Arbeit wird in Form von konkreten Projekten angegangen, für die dann staatliche Organisationen wie «Culturas Populares» oder das «Nationale Indianer-Institut» und NGO's um finanzielle oder materielle Unterstützung gebeten werden.

Schwerpunkt der Arbeit ist es, das mündlich überlieferte Wissen der Ältesten festzuhalten und an die Kinder innerhalb und ausserhalb der Schule weiterzuvermitteln. «Wenn die Triqui-Gemeinschaft die Kontrolle über ihre Erziehung verlieren würde, würde dies den Verlust der Kontrolle über sie selbst bedeuten. Wenn die Kinder und Jugendlichen erwachsen werden und nicht leben und denken wie diejenigen, die Zugang zur Triqui-Erziehung hatten, würde die Kultur der Gruppe verloren gehen. Die Erziehung, die durch die Gemeinschaft ausgeübt wird, ist einer der wichtigsten 'Kulturschätze' *(patrimonios)*, die sie hat.» (Sandoval Cruz, 1987: 15)

So soll auch das Lesebuch in der eigenen Sprache für die Primarstufe überarbeitet werden und einige Lehrer haben begonnen, für bestimmte spanische Ausdrücke eine Übersetzung ins Triqui zu finden. Besondere Bedeutung wird der Musik beigemessen, da sie für die Triqui einen der wichtigsten Vermittler ihrer Traditionen und ihres Wissens darstellt. Lokale Musikgruppen werden durch Wettbewerbe ermutigt, mehr an Festen aufzuspielen, und der Musikunterricht im Kulturzentrum nimmt einen besonderen Stellenwert ein.

Tanz, Theater, Erzähltradition, Handwerk, die traditionelle Kleidung, Gerichte und ihre Zubereitung sowie die Kenntnisse über die traditionelle Medizin und die Verwendung von Heilpflanzen werden ebenso wie lokal verbreitete Anbaumethoden und die Nutzung der natürlichen Ressourcen der Gegend dokumentiert und weitervermittelt.

Doch wollen wir die Triqui lieber selbst mit ihren Anliegen zu Wort kommen lassen mit einer Übersetzung aus «La Casa que recoge nuestro camino», dem Gründungs- und Projektpapier vom 14. April 1986.

«In der augenblicklichen Situation einer tiefgreifenden wirtschaftlichen und sozialen Krise, in denen die kulturellen Werte der westlichen Kultur in Frage gestellt werden, ist es notwendig, dass wir, die Triqui-Indianer, unsere Kultur als alternative Lebensform wieder aufwerten.

Mit der Ankunft der Spanier, Priester und Soldaten, begann ein Prozess der Zerstörung unserer Kultur in den bekannten Formen, sowohl mit Gewalt als auch mit friedlichen Mitteln, der bis in unsere Tage anhält. Ja, es lässt sich feststellen, dass dieser Prozess in der Gegenwart noch wirksamer und nachhaltiger geworden ist mittels Kommunikationsmitteln wie Radio, Fernsehen, Presse, Strassen und den Erziehungsmethoden in unseren Schulen, die sich an den nationalen Richtlinien orientieren und doch eigentlich unserem kulturellen Umfeld angepasst sein müssten.

Wir, die Triqui von Chicahuaxtla, haben eigene kulturelle Ausdrucksformen, die der Sensibilität der Handwerker und Künstler dieses Ortes entsprungen sind, mit ihrer eigenen Charakteristik, die sich grundlegend von der westlichen Kultur unterscheidet. So unterscheidet sich beispielsweise die Kunst der Triqui ganz wesentlich von derjenigen der westlichen Kulturen. Bei uns wird ein Bild nicht einfach geschaffen, um es anzuschauen, sondern alles was gemacht wird, hat eine Verwendung. Wenn eine Frau ein neues Muster für ihren *huipil* entwirft, so wird er nicht in einem Rahmen an der Wand hängen, sondern ihren *huipil* besonders schön schmücken. Auch stehen ihr weder Autorenrechte zu, noch wird sie das Muster verkaufen, sondern wenn eine andere Frau sich für das Muster interessiert, wird sie sich nach der Webtechnik erkundigen und es so oder in abgewandelter Form für ihren *huipil* verwenden. [...] Ein anderes Beispiel ist die Musik, die bei uns ebenfalls keinen Eigentümer hat. Wenn jemand ein neues Lied komponiert, so mit dem Ziel, die ganze Gemeinschaft daran teilhaben zu lassen, ohne wirtschaftlichen Vorteil. Die einzige Anerkennung, die er erhofft, ist, dass es den Leuten gefällt. So weiss man bei fast allen Liedern, die in den einzelnen Familien überliefert werden, meist nur noch den Anlass, zu dem sie komponiert wurden, nicht aber den Autor. Ebenso verhält es sich mit anderen künstlerischen Ausdrucksformen wie Tanz, Malerei etc. Aus dem Gefühl der Überlegenheit hat die westliche Kultur unsere Geschichte, unsere Legenden und unsere Kunst Folklore genannt und unsere Rechtsauffassung als Brauchtum abgetan. All dies passiert im Inneren unserer Gemeinde selbst. Am Anfang waren es Fremde, Priester, Lehrer, Idealisten *(humanistas)* etc., die uns in ihrem Eifer, ‹uns zu einem besseren Leben zu verhelfen›, in Wirklichkeit zerstört haben. Heute sind wir es selbst; in unserem Bestreben, gleich wie die Weissen und Mestizen sein zu wollen, geringschätzen und missachten

Spinnen und Karden von Schafwolle; ein Kurs, der im Kulturzentrum durchgeführt wurde.

wir unsere Kultur und imitieren eifrig die schlechtesten Charaktereigenschaften der anderen. [...] Wir haben beispielsweise begonnen, spanische Worte in unsere Sprache zu mischen, doch setzen wir uns dadurch selbst herab und versuchen, in dem wir uns ‹verwestlichen›, den Weissen gleich zu sein. Diese Haltung der Selbstverachtung, die wir teilweise praktizieren, hat zwei Ursachen: Einerseits hat uns der Weisse seit seiner Ankunft unterdrückt und ausgebeutet. Er nahm uns unseren Boden und verachtet uns bis heute. Zum anderen ist seit der Ankunft der ersten Priester bis zu den heutigen ‹Entwicklungshelfern› immer von neuem wiederholt worden, dass wir in Ignoranz lebten, marginalisiert und unterentwickelt seien, und dass uns nun dank ihrer Güte und ihrer Sorge gegenüber den Indianern eine fremde Entwicklung auferlegt wird. Sie wecken in uns überflüssige Bedürfnisse, durch die wir, je mehr sie uns ‹helfen›, desto abhängiger und ärmer werden.

Seit geraumer Zeit haben einige Forscher und Intellektuelle erkannt, dass unsere indianische Lebensform eine bessere ist. Doch aufgrund der Selbstherrlichkeit ihrer eigenen Gesellschaft hat man sie nicht ernst genommen. Gegenwärtig ereignet sich das gleiche: Aufgrund der schwierigen wirtschaftlichen und sozialen Lage richten sich, auf der Suche nach Alternativen, die Augen wieder auf uns. Doch haben diese Augen teilweise noch immer den Blick des Kolonisators, des Idealisten, des Missionars, des Revolutionärs, des Politikers mit karitativen Absichten. Andere, wenn auch sehr wenige, haben den Blick von Solidarität unter Gleichberechtigten, von tiefem Respekt. Sie können uns helfen, eine Entwicklung von innen mit den Perspektiven unserer Kultur in Gang zu bringen, bei der wir selbstverantwortlich und selbständig mitwirken. Auf diese Weise verbessern wir unser Lebensniveau, auf diese Weise fallen wir auch unserem Land [Mexiko] nicht mehr zur Last, wie uns immer vorgehalten wird. Wir könnten unsere kulturellen Ausdrucksformen stärken und bereichern und wären nicht mehr derart abhängig von der Aussenwelt. Hoffentlich gelingt es uns, wieder Selbstversorger zu werden. Wir wissen, dass dies schwierig ist, doch müssen wir es versuchen. Auch werden wir es nicht mehr zulassen, dass man uns im Hinblick auf politische Ziele manipuliert.

Wir glauben, etwas tun zu müssen, um unsere eigene Kultur aufzuwerten – ein Ziel, das aus uns selbst heraus entstanden ist. Zweifellos werden wir Hilfe benötigen von Leuten, die mit uns zusammen unseren Weg in dieser Welt der Zivilisation und des Fortschritts finden wollen.

Deshalb glauben wir, dass die Einrichtung eines Kulturzentrums, das sich auf die kul-

turellen Errungenschaften unseres Dorfes konzentriert und nach unseren Strukturen geführt ist, ein wichtiges Mittel wäre, um unsere Kultur, unsere Existenz, zu verteidigen. [...] Zur Struktur: Eine Kulturkommission oder ein Ältestenrat aus Frauen und Männern, die die meisten Ämter der Gemeinde bereits absolviert haben, patroniert und sanktioniert die Arbeiten des Zentrums. [...] Ein Koordinator ist verantwortlich für die Arbeit in den verschiedenen Bereichen, die Vereinbarungen mit den Schulen im Dorf und der Umgebung, mit Institutionen, Mayordomías etc.» (Ende des Zitats)
Es folgen ausführliche Überlegungen zu den Bereichen Erziehung, Musik, Sprache, Tanz, Theater, Kleidung, Geschichte, Wirtschaft, Medizin, Recht, Ernährung, Religion, Architektur, Komsumverhalten und Archiv mit einer Fülle von kritischen Reflexionen und Ideen zur Umsetzung in der Kulturarbeit des Zentrums. Dass ein solch breit angelegtes Projekt nach vier Jahren noch nicht auf allen Ebenen seine Ansprüche eingelöst hat, ist verständlich. Zunächst musste auch bei der breiten Bevölkerung für Verständnis und Bereitschaft zur Mitarbeit geworben werden. Doch das eigentliche Zielpublikum – die Kinder – sind mit grosser Begeisterung dabei, und viele *ancianos* haben die Bedeutung dieser Form von Kulturdokumentation erkannt und in vielen Stunden ihre Geschichten auf Tonband aufzeichnen lassen. Erste konkrete Erfolge sind bereits sichtbar: Musiker- und Tanzwettbewerbe, Fasnachtsmasken-Herstellung für die Kinder, eine Video-Dokumentation über Grenzstreitigkeiten für das Ministerium für Agrarreform oder die Unterstützung der Wolldecken-Weberei durch Beschaffung von Trittwebstühlen und Rohmaterial (Wolle und Naturfarben), um vom Einkauf dieses Produktes unabhängig zu werden. Jedoch darf dies nicht darüber hinwegtäuschen, dass es ein stark intellektuell angelegtes Projekt ist. Es trägt deutlich die Handschrift der Initiatoren und derzeitigen Koordinatoren des Zentrums.

Auch die Bilddokumentation durch die Triqui selbst gehört zu den Aufgaben des Zentrums.

Organisation und Anpassung: eine Strategie der Selbstbestimmung

Der Kampf der Indianer um ihr kulturelles und physisches Überleben hat verschiedene Ausdrucksformen. Der passive Widerstand ist die häufigste Form des nichtorganisierten Widerstandes: Der Versuch, sich nach aussen, gegenüber Fremden oder staatlichen Einrichtungen, möglichst unauffällig und unsichtbar zu verhalten. Beispiele des aktiven Widerstandes und der Suche nach der eigenen ethnischen Identität sowie Formen der kulturellen Selbstbestimmung wie die Initiative zur Schaffung des Triqui-Kulturzentrums sind in Mexiko vorläufig noch eher die Ausnahme. Es waren zwar als Folge der 68er-Studentenbewegung auch im Bundesstaat Oaxaca in den siebziger Jahren einige Bauern- und Basisorganisationen ins Leben gerufen worden wie die *Frente Independiente Campesina* (FIC – Unabhängige Bauernfront; 1976), oder die *Coalición Obrero-Campesino-Estudantil de Oaxaca* (COCEO – Arbeiter-, Bauern- und Studentenkoalition von Oaxaca; 1972) resp. die *Coalición Obrero-Campesino-Estudantil del Istmo* (COCEI – Arbeiter-, Bauern- und Studentenkoalition vom Istmus; 1974). Doch da diese Bewegungen stark radikal und politisch motiviert und von Intellektuellen und Studenten von aussen initiiert waren, haben sie eher zu einer Fraktionsbildung und Gewalteskalation in den bäuerlichen Gemeinden als zu einer Lösung der dort anstehenden Probleme geführt. In den achtziger Jahren begannen deshalb einzelne indianische Gruppen, sich selbst auf lokaler und regionaler Ebene zu organisieren, unter Wahrung ihrer eigenen politischen und organisatorischen Strukturen und mit ihren eignen Führern, so die 1981 von den Triqui von Copala gegründete MULT *(Movimiento de Unión y Lucha Triqui)*, die ebenfalls 1981 ins Leben gerufene AAZC *(Asamblea de Autoridades Zapotecas y Chinantecas)*, die 1986 in den Chimalapas gegründete UCIZONI *(Unión de Comunidades Indígenas de la Zona Norte del Istmo)* oder ASAM (*Asamblea de Autoridades Mixes*; gegründet 1984), die Organisation der Hochland-Mixe. Dieser «Ältestenrat der Mixe» entspricht in der Zielsetzung am ehesten dem Kulturzentrum der Triqui, bildet doch auch hier das Wissen der Dorfautoritäten und Ältesten die Basis für Projektarbeit, insbesondere auf dem Landwirtschafts- und Erziehungssektor. Mit einem Büro in der Regierungshauptstadt Oaxaca sind sie bereits einen Schritt weiter, um gezielt mit ihren Projekten und Anliegen im Regierungspalast, bei staatlichen Entwicklungseinrichtungen (INI, dem Nationalen Indianerinstitut, oder SARH, dem Ministerium für Landwirtschaft und Wasserressourcen) und NGO's vorzusprechen. Ziel all dieser von Indianern selbst ins Leben gerufenen und getragenen Organisationen ist es, auf verschiedenen Ebenen die politische, wirtschaftliche und kulturelle Selbstbestimmung zu erlangen und zu behaupten. Sie setzen sich für demokratische Wahlen ein, bemühen sich um staatliche Unterstützung für kommunale Einrichtungen und die Produktion und Vermarktung ihrer Produkte und wollen endlich wieder selbst die Kontrolle über ihr Land und die Nutzung der natürlichen Ressourcen ausüben. Dass sie sich dabei moderner Mittel wie Autos, Radiostationen, Zeitungen, Video- und Filmmedien oder eben eines Kulturzentrums bedienen wollen, muss nicht grundsätzlich als Zeichen von Anpassung und Akulturation gewertet werden. Vielmehr ist es der Versuch, selektiv Elemente der westlichen Kultur zu nutzen, um die eigene zu bewahren. Indianervertreter, die mit Video oder Tonband eine Verhandlung mit Regierungsbeamten über Landnutzung oder Erschliessungsstrassen festhalten, werden sich in Zukunft nicht mehr mit leeren Versprechungen abspeisen lassen. Sie treten im Bewusstsein auf, ihr Land und ihre Kultur zu bewahren, und zwar mit dem traditionellen Wissen, das in vielen Fällen den ökologischen Bedingungen ihrer Umwelt besser angepasst ist als westliche Bewirtschaftungsmethoden. Viele Indianergruppen haben der Zerstörung ihrer Kultur und Gesellschaft durch aktiven und passiven Widerstand getrotzt und versuchen, ihre traditionellen Grundlagen weiterzuentwickeln. Das Gedenkjahr der 500jährigen «Entdeckung» und Unterdrükkung der Völker Amerikas sollte für uns und unsere Regierungen der Anlass sein, darüber «nachzudenken» und indianische Völker als eigenständige, selbstbestimmende Menschen anzuerkennen.

Literatur

Jutta Blauert: Autochthonous approaches to rural environmental problems: the Mixteca Alta, Oaxaca, Mexico. University of London, 1990 (Dissertation).

Fausto Sandoval Cruz: La educación física en la escuela primaria indígena. In: El Medio Milenio. Las costumbres de la gente de razon frente a los razones de la gente de costumbres. Oaxaca de Juarez, Oax. No. 1, 1987.

Ue'naca ngo she nica né' – La casa que recoge nuestro camino. Comunidad Triqui de Chicahuaxtla, Oax. 14. de abril de 1986. Dokument in der Sammlung der Autorin.

Urs Bitterli

Der Gleiche und der Andere

Zum Indianerbild der frühen Überseereisenden

Indianer werden wegen angeblicher Sodomie den Hunden zum Frass vorgeworfen.

Zwei gegensätzliche und komplementäre Auffassungen bestimmen das Bild, das sich die frühen Amerikareisenden von den Bewohnern der «Neuen Welt» machten: die Feststellung; dass es sich bei den Indianern um Geschöpfe handle, die grundsätzlich gleicher Natur seien wie man selbst, und die Feststellung, dass diese Menschen hinsichtlich ihrer Daseinsform und Kultur doch als ganz andersartig in Erscheinung träten. Wertschätzung und Geringschätzung des Indianers, wie sie sich in der frühen Reiseberichterstattung äussern, oszillieren zwischen diesen beiden Polen der Gleichheit und der Andersartigkeit. Der vertrauenswürdige Indianer ist derjenige, der einem gleicht oder zu gleichen sich bemüht; der unberechenbare ist derjenige, der als andersartig erkannt wird. Auch die Verhaltensweisen, die der Europäer dem Bewohner der «Neuen Welt» gegenüber wählt, gehorchen diesem Denkmuster: Übereinstimmung mit und Abstand zu dem, was man selbst ist, entscheiden über Frieden oder Krieg; Freundbild und Feindbild des Europäers vom Indianer werden vom Grad seiner Annäherung und Anpassung bestimmt. Die Verantwortung für seine Verweigerung oder sein Entgegenkommen trägt der Indianer selbst. Darüber jedoch, was gleich und anders ist, entscheidet der Europäer.
«Auf diesen Inseln», schreibt Christoph Kolumbus im «Bordbuch» von seiner ersten Reise, «konnte ich keine Ungeheuer in Menschengestalt feststellen, sondern fand überall Leute mit angenehmem Äusseren.» Und weiter: «Man darf deshalb nicht etwa glauben, dass sie dumm und unwissend sind. Im Gegenteil: Sie haben einen gesunden Menschenverstand, der des Scharfsinns nicht entbehrt.» Diese Sätze verraten, wie sich die Realität des indianischen Menschen erst gegenüber einer mit dem Ausserordentlichen rechnenden Erwartung durchsetzen muss. Denn die Vorstellung, dass in entlegenen Zonen der Erde Monstren und Mittelwesen zwischen Mensch und Tier ihr Unwesen treiben könnten, Riesen und Zwerge, hundsköpfige, einäugige und einfüssige Kreaturen, hat eine Tradition, die sich bis auf Plinius den Älteren und Herodot zurückführen lässt. Noch im fantastischen Reisebericht des John Mandeville aus dem 14. Jahrhundert oder in der 1493 erschienenen Weltchronik des Hartmann Schedel ist in Wort und Bild von überseeischen Fabelwesen die Rede – Kolumbus waren solche Vorstellungen vertraut. Auch seine Zeitgenossen mussten sich anlässlich ihrer ersten Begegnung mit Indianern einigermassen verwundert davon Rechenschaft geben, dass es sich um wirkliche Menschen, um Geschöpfe der eigenen Gattung, handle. «Ich habe diese Leute gesehen, berührt und untersucht», schreibt um 1500 der in Lissabon ansässige Italiener Alberto Cantino, «und um mit ihrer Gestalt zu beginnen, erkläre ich, dass ihre Gliedmassen den unsrigen entsprechen und wohlgestaltet sind... Sie scheinen mir, abgesehen von dem schrecklich abweisenden Gesichtsausdruck der Männer, in jeder Hinsicht der Gestalt und dem Bild von uns selbst zu gleichen.»

Nur wenige der frühen Überseereisenden stellten in Frage, dass es sich bei den Bewohnern der «Neuen Welt» um Vertreter der gleichen menschlichen Gattung handle, und wenn sie es taten, so doch wohl vor allem, um ihren Lesern etwas Spektakuläres zu berichten. So wollte Richard Whitbourne zu Beginn des 17. Jahrhunderts auf Neufundland einer «Meerfrau oder einem Meermann» begegnet sein, und Marc Lescarbot behauptete um dieselbe Zeit, in Kanada «Menschen auf ihren Schwänzen» sitzen gesehen zu haben. Aber es ist offensichtlich, dass mit der fortschreitenden Besiedlung Amerikas sowie mit der zunehmenden Überprüfbarkeit der Informationen Monstren und Fabelwesen aus den Reiseberichten verschwinden oder in sehr unzugängliche Gegenden abgedrängt werden. Im 18. Jahrhundert ist nur noch selten, meist nach dem Hörensagen, die Rede von der Zwergenhaftigkeit der Eskimos, den streitbaren Amazonenvölkern Südamerikas oder den Riesen Patagoniens.

Auch in den amtlichen Dokumenten, die sich mit der Entdeckung Amerikas befassen, erscheint der Indianer als ein Geschöpf gleichen Wesens. Erst diese Feststellung ermöglichte es Papst Alexander VI. in der Bulle des Jahres 1493, die Bevölkerung der entdeckten und noch zu entdeckenden amerikanischen Gebiete seiner geistlichen Oberhoheit zu unterstellen und die Verwaltung dieser Territorien im Feudalrecht der spanischen Krone zu übertragen. In der Bulle von Papst Paul III. aus dem Jahre 1537 wird ausdrücklich festgehalten, dass es sich bei den Indianern um «wahrhaftige Menschen» handle.

Während also die wesensmässige Gleichartigkeit des Indianers von Reisenden wie Kolonialtheoretikern kaum bestritten wurde, legt die Berichterstattung aus Amerika doch Wert darauf, die Unterschiede von indianischer Lebensform und Kultur zu betonen. Dabei sind zahlreiche Varianten der Beurteilung feststellbar, vom milden Tadel über eine leicht behebbare Abweichung des indianischen Verhaltens bis zu diskriminierender Ausgrenzung. Die ersten Äusserungen des Kolumbus über die Aruak der Antillen sind dominiert von der andauernd sich wiederholenden Feststellung der «Nacktheit» der Indianer, womit nicht nur gemeint ist, dass diese unbekleidet sind. «Nacktheit», in der Auffassung des Kolumbus, bedeutet vielmehr eine Chiffre für die äusserste Dürftigkeit menschlicher Existenz und damit für das, was den Indianer vom Europäer unterscheidet. Enttäuschung schwingt in diesem Urteil mit, hatte der Seefahrer doch gehofft, auf die reichen asiatischen Potentaten zu stossen, welche Marco Polo so anschaulich geschildert hatte. Und nun diese Aruak und Kariben, die auf bescheidenste Weise lebten, den Wert des Goldes nicht kannten und sich gegen Gegner kaum zu verteidigen wussten – ein Gegenbild dessen, was man selbst war oder doch zu sein erstrebte.

Neben das Attribut der «Nacktheit», das in Gegensatz zum eigenen Kulturstand gesetzt wird, tritt das Attribut der «Wildheit». Es ist interessant zu beobachten, dass die spanischen Reisenden sich in der Regel des neutralen Begriffs des «Indios» bedienen, zumindest zu Beginn des Kulturkontakts. Sobald sich aber nach einer häufig friedlichen Anfangsperiode das gegenseitige Verhältnis zersetzt und Konfliktsituationen eintreten, wird der wilde, rohe und tierähnliche Charakter der Indianer betont, und zwar in stillschweigender Voraussetzung einer Abweichung vom eigenen Verhalten. Trotz ihrer offensichtlichen Unfähigkeit, sich wirksam zur Wehr zu setzen, werden Widerstand und Auflehnung der Indianer als besonders heimtückisch und barbarisch gebrandmarkt, als anders eben, weil man selbst davon aus-

Etliche Indianer werden erschlagen/ etliche sind durch Feuwersbrunst verdorben. XVIII.

Spanier stürmen ein indianisches Dorf und brennen es nieder.

ALs der Hoied auff die zwölff meylwegs auff dem Mittelland von new Carthago außgestreiffet / vnd auß hoffnung vnd begier eines grossen Raubs / einem Volck ins Landt gefallen/ sie hefftig geplaget / deren zuversicht/ das er ein grosse summ Goldts darinn werde finden/ wie jhm dann etliche Indianer hatten angezeigt. Aber er hat nichts anders dauon bracht in diesem Zug / weder allein etliche schädliche Wunden vnd mercklichen Schaden Denn es seynd die Eynwohner deß Landts mit so grosser Gewalt an jhn gefallen / daß er gezwungen ward sich in die Flucht zubegeben / vnd dem Meer zuzueylen/nach dem jm 75. auß seinen Kriegsleuthen erschlagen/ Als aber der Niques mit einem grossen Kriegsvolck dazukommen/ berahtschlagten sie sich vnd beschlossen mit einander/ daß sie wolten mit beyden hauffen in dieser Völcker Landschafft vnd der jhrigen Todt vnd Niderlag rechen. Derwegen seynd auff den Abendt der mehrertheil deß Kriegsvolcks heymlich vnd still auß dem Läger gezogen / vnd von fuß zu fuß in aller still die gantze Nacht die Reyß vollbracht/ vnd die Indianer zu morgens früh / als sie ohn alle Sorg lagen vnd starck schlieffen / vberfallen / dann als sie durch Verwundung wurden auffgeweckt / dergleichen auch ab der Brunst jhrer Häuser waren erschrocken / seynd sie schnell dauon gezogen: Als jhnen aber der weg von Kriegsleuthen war verlegt / seynd viel in der Spanier händ kommen / welche von jhnen erschlagen vnnd vmbkommen. Etliche aber sind in dem Feuwer verdorben vnd verbrandt / dann viel freywillig in das Fewer sprungen / vnd begerten viel lieber darinn zusterben/ weder in der Spanier händ zukommen. Diese sind alle durchs Feuwer vnd Schwerd vmbkommen/außgenommen etlich wenige/ so durch hilff der Nacht seynd entrunnen/damit sie das Leben auß der Gefahr erretteten. Es wurden nur sechs auß jhnen gefangen / vnd lebendig vnter deß Hojeds gewalt bracht. Die Spanier aber die gesieget / haben an allen ohrten der Häuser / als die Aschen kalt worden/ gesucht vnd wenig Goldt gefunden / vnd nach dem sie jhr Hoffnung deß grossen Raubs halben betrogen / vnd jhr Geitz kein fortgang gehabt/ seynd sie vnmutiglich wider gen Carthaginem gezogen. 19. Cap.

geht, im Kriegsfalle nicht nur das Recht auf seiner Seite zu haben, sondern auch den Vorteil einer höher stehenden Kriegskunst. Als besonders wild und entsprechend andersartig erscheint den frühen Reisenden der Kannibale – ein Wort, das bekanntlich auf die angeblich menschenfressenden Kariben zurückgeht, mit denen Kolumbus auf seiner zweiten Reise in Berührung kam.

Die Beschreibung der indianischen Andersartigkeit mit dem Begriff der «Wildheit» hat sich vom 16. bis zum 18. Jahrhundert fast unverändert gehalten. In einer frühen Anwendung auf die Tupí-Indianer Südamerikas beschreibt der französische Reisende André Thevet um 1550 die «sauvages» als ein «absonderlich wildes, fremdes und rohes Volk, ohne Glaube, ohne Gesetz, Religion und Gemeinsinn». Und noch in der französischen «Encyclopédie» lesen wir, der «Wilde» lebe «ohne Gesetz, ohne Ordnung, ohne Religion und ohne festen Wohnsitz» – also ohne all das, was im wesentlichen den aufgeklärten Lebensstil kennzeichnete. Allerdings erweist es sich, dass der Begriff des «Wilden» in der europäischen Reiseberichterstattung oft als schillernd und ambivalent erscheint. Einerseits weist seine Wildheit, wie in der eben zitierten Charakterisierung Thevets, den Indianer als das Geschöpf einer anderen Kulturstufe aus, menschlich in der Erscheinung zwar, aber tierisch im Verhalten; anderseits kommt es bereits in der frühen Reiseberichterstattung vor, dass sich das Charakteristikum der «Wildheit» ins Positive wendet: Der Indianer erscheint dann als ursprünglich und unverbildet, frei von den Zwängen staatlicher Organisation und frei von den Leidenschaften, die der Leistungswettbewerb der europäischen Gesellschaft entfacht. Bereits bei Vespucci wird diese Umdeutung in Ansätzen spürbar, wenn er 1502 auf die Unschuld und Naturnähe der Indianer zu sprechen kommt und damit indirekt auf deren paradiesischen Daseinszustand anspielt; in der Vorstellung des «edlen Wilden» haben Jean-Jacques Rousseau und Chateaubriand dieses Indianerbild fortentwickelt. Bemerkenswert freilich ist, dass mit der positiven Wertung der «Wildheit» die Andersartigkeit des Indianers nicht getilgt wird: Der «edle Wilde» ist lediglich auf andere Art anders als der Europäer.

Neben seiner «Nacktheit» und «Wildheit» sei hier noch das «Heidentum» des Indianers hervorgehoben und einer knappen Reflexion unterzogen. Dass der Indianer Heide ist, scheint ihn in der Auffassung vieler Reisender am meisten von den europäischen Christen zu entfernen. Heidentum kann zweierlei bedeuten. In der Auffassung des Kolumbus bedeutet das Heidentum der Indianer, dass diese zwar von christlicher Lehre nichts wissen, aber von der Existenz eines Schöpfergottes überzeugt sind: «Von Natur aus gläubig», heisst es im «Bordbuch» von den Aruak, «sind sie mit dem Gedanken vertraut, dass es einen Gott im Himmel gibt...» Anders die Aussage des englischen Seefahrers John Smith zu Beginn des 17. Jahrhunderts über die Bewohner Virginias: «Der hauptsächlichste Gott, den sie anbeten, ist der Teufel.» In beiden Äusserungen erscheint das Heidentum des Indianers als hervorstechendes Kennzeichen ihrer Andersartigkeit. In der Auffassung des Kolumbus, die übrigens auch die Doktrin der spanischen Krone widerspiegelt, erscheint der Indianer als ein mit dem verzeihlichen Makel des passiven Unglaubens behaftetes Wesen, das grundsätzlich der Bekehrung zugänglich ist. Damit wird seine Andersartigkeit nicht mehr als ein unveränderliches Faktum hingenommen, sondern im Fernziel einer als voranschreitend erhofften Missionierung aufgehoben. In der Auffassung des John Smith jedoch tritt uns der Indianer als Götzendiener entgegen und wird damit in die Nähe der irrgläubigen Muslime gerückt, denen, wie die Erfahrung seit den Kreuzzügen zu beweisen schien, eher mit dem Schwert als mit dem Katechismus beizukommen war.

Beide Grundvorstellungen vom Indianer, jene seiner Gleichartigkeit und jene seiner Andersartigkeit, sind bereits im 16. Jahrhundert geschichtlichen Erklärungsversuchen unterzogen worden. Die Zugehörigkeit der Bewohner der «Neuen Welt» zur menschlichen Gattung und die Einheit des Menschengeschlechts erschienen den zeitgenössischen Kommentatoren durch die biblische Schöpfungsgeschichte überzeugend begründet, die von der Schaffung des einen ersten Menschen und von der Verbreitung von Noahs Geschlecht nach der Sintflut berichtet. Die Gültigkeit dieser Überlieferung wurde bis zum 18. Jahrhundert kaum angezweifelt, und vereinzelte abweichende Theorien wie jene über die Existenz präadamitischer Völker, wie Paracelsus und La Peyrère sie vertraten, waren wirkungslos. Blieb die Frage, wie sich die Indianer, vom gleichen Ursprung ausgehend, so weit von ihrem Herkunftsort, den man in Vorderasien annahm, hatten entfernen und wie sie im Laufe der Zeit ihre kulturelle Andersartigkeit hatten entwickeln können.

Zur Beantwortung des ersten Teils dieser Frage wurden zwischen dem 16. und dem 18. Jahrhundert die verschiedenartigsten und abenteuerlichsten Wanderungstheorien entworfen, denen nachzugehen wenig lohnend ist. Festgehalten sei hier lediglich die bereits um 1590 vom spanischen Historiker José de Acosta geäusserte These einer Besiedlung Amerikas von Asien her über eine ehemals bestehende Landbrücke im Nordpazifik, die heute allgemein akzeptiert wird. Die Diskussion darüber, von welchem Volk die Indianer abstammten, ob von Juden, Phönikern, Trojanern oder Ägyptern, ist zwar im 17. und 18. Jahrhundert von so hervorragenden Gelehrten wie Hugo Grotius und Joseph-François Lafitau geführt worden, aber sie war zu spekulativ und konnte beim Stand der damaligen physischen Anthropologie auch nicht zu befriedigenden Ergebnissen führen.

Der zweite Teil der Frage, die geschichtliche Ausbildung der kulturellen Andersartigkeit betreffend, führte zu nicht minder angeregten Diskussionen, die ihren Höhepunkt im 18. Jahrhundert erlebten. Die zwei häufigsten Erklärungsversuche, die in dieser Sache vorgetragen wurden, könnte man die Traditionsschwundtheorie und die Milieutheorie nennen. Die Traditionsschwundtheorie ging davon aus, die Indianer hätten nach der Sintflut, als sich das Volk Noahs unter Sem, Ham und Japhet dreistämmig über die Erde verteilte, die Kenntnis ihrer religiösen Überlieferung ganz oder zu einem grossen Teil verloren und nicht mehr Gelegenheit gehabt, die Botschaft von Christi Geburt, Leben und Tod zur Kenntnis zu nehmen. So bezeichnet etwa Roger Williams, der Begründer von Rhode Island im Jahre 1636, die Indianer als die «verlorengegangenen Nachfolger Adams», die sich aus Unkenntnis der Offenbarung, aber nicht notwendig durch eigenes Verschulden, falsche Götter geschaffen hätten. Meist werden

die bei den Wanderungen der Völker zurückgelegten riesigen Distanzen für den Abbruch der christlichen Tradition und eine daraus resultierende kulturelle Entartung verantwortlich gemacht. Der Historiker Cornelius de Pauw, der im 18. Jahrhundert eine der umfangreichsten Abhandlungen über die Indianer verfasste, sucht deren Degeneration mit der Vermutung zu erklären, sie seien von einer weiteren Sintflut betroffen worden und ihre geistige Entwicklung habe seither stagniert.
Innerhalb der Milieutheorie war es vor allem das Klima, dem seit Montesquieu, aber gelegentlich schon vor diesem, ein ausschlaggebender Einfluss auf die Ausbildung kultureller und auch rassischer Andersartigkeit zugeschrieben wurde. Das Problem der Ausbildung rassischer Verschiedenheit, das vor allem in der Diskussion um die Hautfärbung als Folge regional unterschiedlicher Sonneneinstrahlung thematisiert wurde, sei hier ausgeklammert. Dass an der kulturellen Entartung des Indianers das Klima und, dadurch bedingt, die Fruchtbarkeit des Bodens entscheidend beteiligt seien, galt bei vielen Kommentatoren als ausgemacht. So meint etwa der französische Naturforscher Georges Buffon, in der «Neuen Welt» eine klimatisch bedingte Degeneration der Tierwelt feststellen zu können, und der bereits genannte De Pauw schliesst daraus, es könnte sich mit der dortigen indianischen Urbevölkerung gleich verhalten. Man ging sogar so weit zu vermuten, Europäer, welche aus den günstigen Klimazonen ihrer Herkunftsländer nach Amerika übersiedelten, würden sich dadurch der Gefahr eines kulturellen Rückschritts aussetzen. So sieht beispielsweise der deutsche Anthropologe Christoph Meiners, ein einflussreicher Denker des 18. Jahrhunderts, bereits die zweite Generation europäischer Amerika-Auswanderer kultureller Degeneration ausgesetzt – eine Überlegung, die noch in der Anti-Auswanderungspropaganda des 19. Jahrhunderts eine Rolle spielen sollte.

Wir erkennen heute klarer als die Gelehrten des 17. und 18. Jahrhunderts, dass sowohl die Traditionsschwundtheorie als auch die Milieutheorie vor der durch Charles Darwin ermöglichten revolutionären Neuorientierung der Abstammungslehre nicht zu befriedigenden Ergebnissen führen konnten. In einer Hinsicht aber ging die Diskussion der von Europa aus argumentierenden Theoretiker doch deutlich über das Reflexionsniveau der frühen Überseereisenden hinaus. Zwar urteilten auch die Aufklärungsphilosophen noch vom eurozentrierten Standort ihrer kulturellen Vorrangstellung aus; doch sie brachten erstmals mit Nachdruck die historische Dimension mit ins Spiel. In den universalgeschichtlichen Werken des 18. Jahrhunderts erscheint die kulturelle Andersartigkeit des Indianers als Zeugnis eines früheren Kulturzustandes, den auch der Europäer einmal durchlaufen hat und den auch der Indianer einmal hinter sich lassen wird. «In der Indianer gegenwärtiger Verfassung», schreibt der Schotte Adam Ferguson, «erblicken wir wie im Spiegel die Züge unserer eigenen Vorfahren.» Und Friedrich Schiller hat denselben Gedanken in seiner Jenaer Antrittsrede schön ausgesprochen: «Die Entdekkungen ... zeigen uns Völkerschaften, die auf den mannigfaltigsten Stufen der Bildung um uns herum gelagert sind, wie Kinder verschiedenen Alters um einen Erwachsenen herum stehen und durch ihr

Beispiel ihm in Erinnerung bringen, was er selbst vormals gewesen und wovon er ausgegangen ist.»

Es ist unbestreitbar, dass in dieser Sehweise des Aufklärungszeitalters der Indianer für den Europäer ein neues, erhöhtes Interesse gewann. Er erschien nun erstmals als ein ernsthafte Zuwendung erheischendes Studienobjekt, gestattete doch die Kenntnis, die man sich von ihm verschaffte, sich selbst besser zu kennen. Mit dem 18. Jahrhundert tritt der Europäer zum Überseebewohner in ein Verhältnis der Solidarität, das den mittelalterlichen Gedanken der christlichen Oberherrschaft hinter sich lässt. Noch immer stellt man die kulturelle Andersartigkeit des Indianers fest; aber sie wird nun neu als dem geschichtlichen Wandel ausgesetzt, als veränderlich und aufhebbar begriffen. Der Europäer übernimmt nun dem Vertreter der Fremdkultur gegenüber eine neue Verantwortung: Er soll ihn im Sinne einer human ausgeübten Vormundschaft der eigenen Kulturstufe zuführen und dadurch den Gegensatz zwischen wesensmässiger Gleichheit und kultureller Andersartigkeit durch das friedliche Mittel der Bildung und Belehrung zum Verschwinden bringen.

Wir wissen heute, dass der Traum, den die besten Köpfe der Aufklärung von der Assimilation und Integration der Überseebewohner träumten, nicht hat verwirklicht werden können. Wohl darum, weil es sich dabei noch immer um eine Form des geistigen Expansionismus handelte, die dem kolonialen Expansionismus der Eroberer und Siedler innerlich zu nahe stand, um als Gegengift wirksam werden zu können. Wie der Kulturkontakt in Amerika sich tatsächlich entwickelte, ist bekannt: In einem über Jahrhunderte sich hinziehenden Prozess ist der Indianer allen irgendwie vorstellbaren Formen der Verfolgung ausgesetzt gewesen: Liquidation, Dezimierung durch eingeschleppte Krankheiten und Alkohol, Abdrängung in unfruchtbare Randregionen, soziale Deklassierung und Diskriminierung aller Art. So einfach, wie die Aufklärer meinten, war es um den kulturellen Fortschritt nicht bestellt: nicht bei den Indianern, aber auch nicht bei den Europäern. Weder wollte und konnte der Indianer zu dem werden, was der europäische Eindringling war; noch gelang es dem Europäer, aus seinem Wissen um die wesensmässige Gleichheit seiner Mitmenschen jenseits des Atlantiks die Achtung vor dessen Andersartigkeit zu beziehen. Wessen Versagen vor der Geschichte schwerer wiegt, wissen wir: Es ist das Versagen des Mächtigeren.

Literatur

Urs Bitterli: Die «Wilden» und die «Zivilisierten». Grundzüge einer Geistes- und Kulturgeschichte der europäisch-überseeischen Begegnung. Neuauflage München 1991.

Urs Bitterli und Eberhard Schmitt, Hg.: Die Kenntnis beider «Indien» im frühneuzeitlichen Europa. München 1991.

Hans-Joachim König, Wolfgang Reinhard, Reinhard Wendt, Hg.: Der europäische Beobachter aussereuropäischer Kulturen. Zur Problematik der Wirklichkeitswahrnehmung. Berlin 1989.

María Susana Cipolletti

Die fremden Seelenfänger – Katholische Missionare im Amazonasgebiet (17. und 18. Jahrhundert)

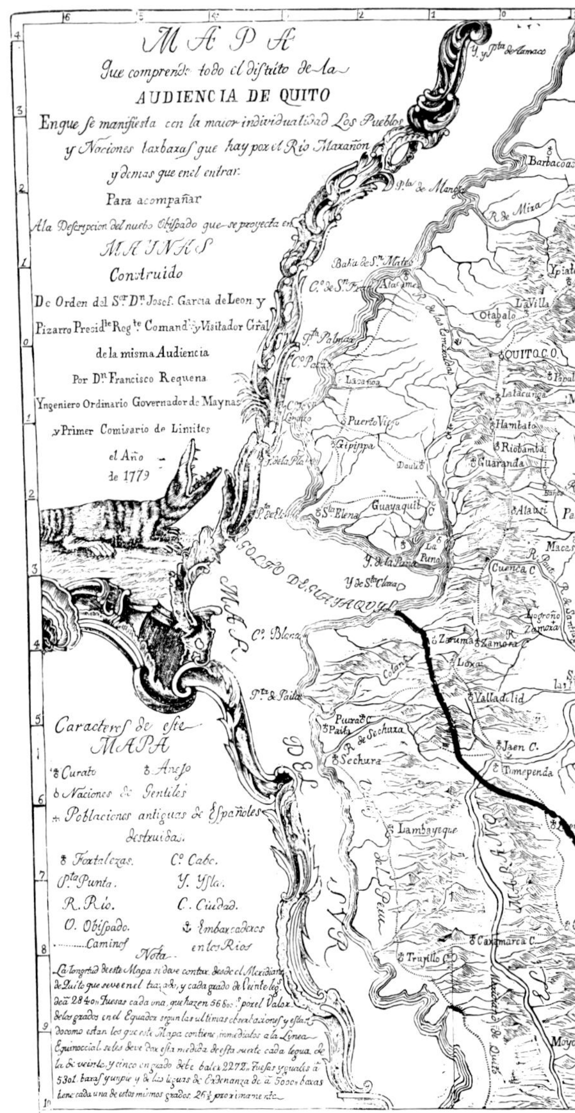

Gebiet von Maynas in der Audiencia von Quito, Karte von F. Requena, 1779.

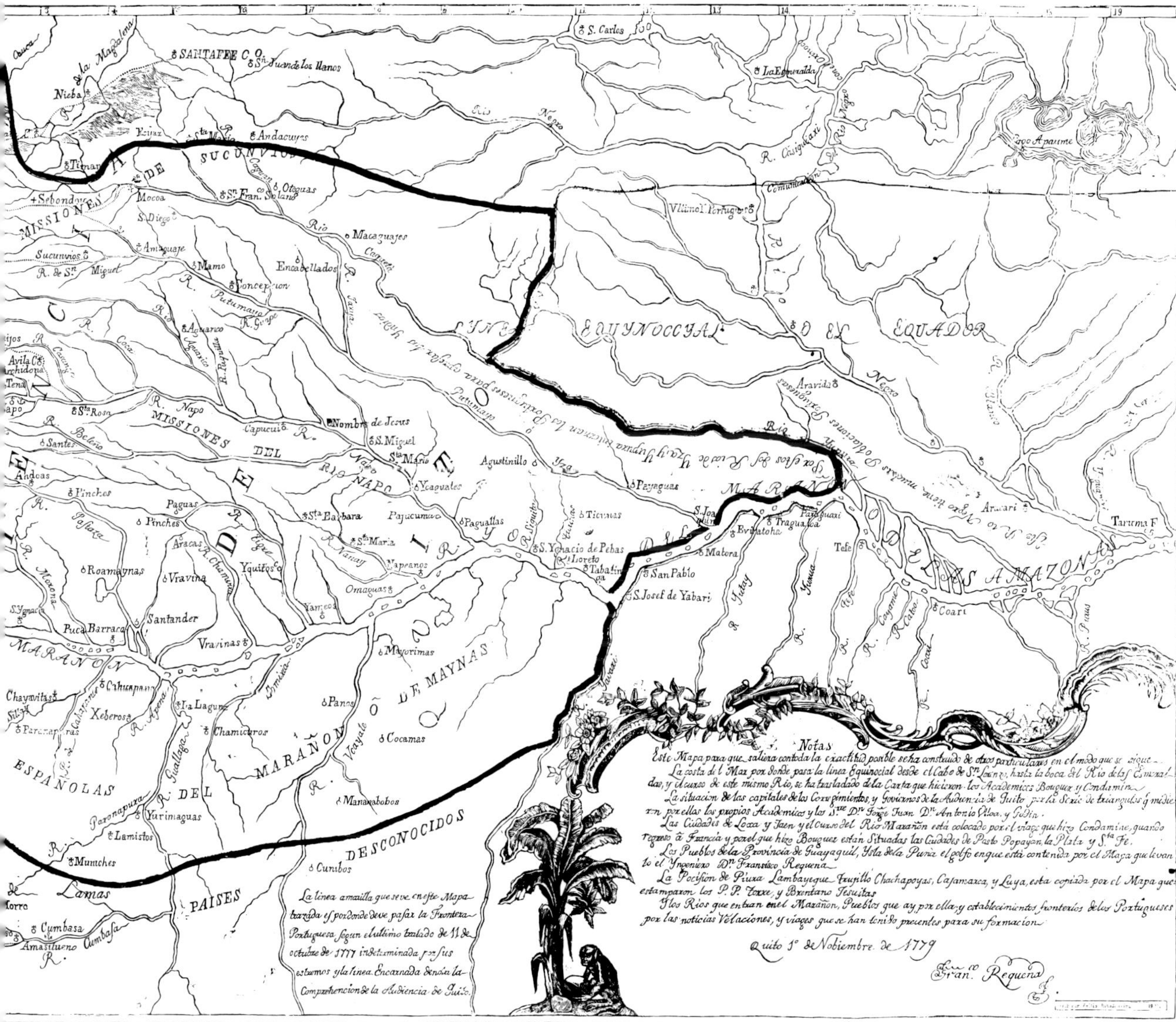
Notas
Este Mapa para que saliera contoda la exactitud posible seha construido de otros particulares en el modo que se sigue.
La costa del Mar por donde pasa la linea Equinocial desde el Cabo de S.n Lorenzo, hasta la boca del Rio de las Esmeraldas, y el curso de este mismo Rio, se ha trasladado de la Carta que hicieron los Academicos Bouguer y Condamine.
La situacion de las capitales de los Corregimientos, y Goviernos de la Audiencia de Quito por la Serie de triangulos q midieron por ellas los propios Academicos y los S.res D.n Jorge Juan D.n Antonio Ulloa, y Godin.
Las Ciudades de Loxa y Jaen y el Curso del Rio Marañon está colocado por el viage que hizo Condamine, quando regreso á Francia y por el que hizo Bouguer están Situadas las Ciudades de Pasto Popayan, la Plata y S.ta Fe.
Los Pueblos de la Provincia de Guayaquil, Ysla de la Puna el golfo enque está contenida por el Mapa que levanto el Yngeniero D.n Fransisco Requena.
La Pocision de Piura Lambayeque Trujillo Chachapoyas, Cajamarca, y Luya, esta copiada por el Mapa que estamparon los P. P. Forre, y Brentano Jesuitas
Y los Rios que entran en el Marañon, Pueblos que ay por ella, y establecimientos fronterios de los Portugueses por las noticias Velaciones, y viages que se han tenido presentes para su formacion.
Quito 1.º de Nobiembre de 1779
Fran.co Requena
La linea amarilla que se ve en este Mapa trazada es por donde deve pasar la Frontera Portuguesa segun el ultimo tratado de 11 de octubre de 1777 indeterminada por sus estremos y la linea Encarnada denota la Comprehencion de la Audiencia de Quito.
SANTAFEE C.O.
S.n Juan de los llanos
S. Carlos
La Esmeralda
Rio Negro
Andacuyes
Mocoa
Macaguajes
Encabellados
Concepcion
Nombre de Jesus
S. Miguel
Agustinillo
Pevagua
S.Joaquin
San Pablo
S.Josef de Yabari
S. Ygnacio de Pebas
Loreto
Tabatinga
Coari
Tefe
Omaguas
Yameos
Santander
Puca Barraca
Vravinas
Xeberos
Chamicuros
Cocamas
Yurimaguas
Lamistos
Munches
Cumbasa
Cunibos
MISSIONES DEL RIO NAPO
LINEA EQUYNOCCYAL DE EL EQUADOR
MARAÑON O DE LAS AMAZONAS
MARAÑON Ô DE MAYNAS
PAISES DESCONOCIDOS
MISSIONES ESPAÑOLAS DEL MARAÑON

Mit den Eroberern, die auf Gold und Reichtum aus waren, kamen vor 500 Jahren auch die Missionare nach Südamerika. Achtung vor der Andersartigkeit fremder Kulturen existierte, bis auf wenige Ausnahmen, damals nicht. Es galt, die indianischen Religionen, die als Teufelswerk angesehen wurden, auszurotten und sie durch das Christentum, die wahre Religion, zu ersetzen. Im folgenden wird ein Kapitel dieser Geschichte behandelt: die Missionierung in Amazonien von ihren Anfängen – etwa 1600 – bis zum Ende des 18. Jahrhunderts, und zwar in jenen amazonischen Gebieten, die unter der Herrschaft Spaniens standen. Ein einleitender Vergleich mit der Missionierung des Andengebiets vermag uns die Schwierigkeiten des Unternehmens in Amazonien vor Augen zu führen: die Erkundung der amazonischen Umwelt war ungleich komplizierter.

Dort führten die Wege aus den Küsten- oder Andenstädten (Lima, Quito, Popayán) über die zerklüfteten östlichen Abhänge der Anden hinaus. Viele Siedlungen waren nur auf dem Wasserwege zu erreichen. Hitze und Ungeziefer erschwerten das Leben der Neuangekommenen, die bis dahin in gemässigtem Klima gelebt hatten.

Im Andengebiet trafen die Missionare auf sesshafte Gesellschaften, die vom Ertrag ihrer Mais- und Kartoffelfelder abhängig waren und in organisierten Städten lebten. In den amazonischen Wäldern dagegen gab es keine Städte; viele Ethnien waren nicht sesshaft oder in geringerem Masse als die Andenindianer von ihren Feldern abhängig. Sie konnten weiterziehen und später zurückkommen, um die Bittermaniokknollen zu ernten, die sich monatelang im Boden frisch halten. Dadurch waren die Ethnien des Amazonasgebiets eher in der Lage, sich den Missionaren zu entziehen.

In weiten Teilen des Andengebiets hatten die Inka ihre Nachbarn unterworfen und sich als Zentralmacht etabliert. Den Indianern Amazoniens, bei denen keine zentrale Herrschaft existierte, war es fremd, sich dem Willen irdischer Mächte zu beugen. Häufig wurden Missionare, die übereifrig bestimmte Sitten (wie z. B. die Vielweiberei bei ranghohen Männern) anprangerten, ermordet.

Im Andengebiet gab es Tempel, die unter der Kontrolle einer oder mehrerer Priester standen. Für die Spanier waren die Tempel Häuser der falschen Götter, ihre Priester Heiden. Die äusserliche Ähnlichkeit mit den christlichen Tempeln und Priestern ermöglichte den Spaniern jedoch bis zu einem bestimmten Grad eine geistige Annäherung. In Amazonien dagegen wurden keine Tempel errichtet, oft waren die einheimischen Schamanen von anderen Männern der ethnischen Gruppe nicht zu unterscheiden, denn ihnen fehlten die prunkvollen Insignien der Andenpriester.

Das Fremdsein erlebten die Missionare in Amazonien noch extremer als im Andengebiet. So kann es nicht überraschen, dass die vereinzelten Priester, die im Urwald lebten, noch weniger als ihre Kollegen in den Anden in der Lage waren, einen Zugang zu den einheimischen Religionen zu finden.

Der Streit um die Seelen

Jesuiten- und Franziskanerorden, die beide in Amazonien missionierten, behaupteten jeweils als erste dort gewesen zu sein. Zur Bekräftigung dieser Ansprü-

Encabellados-Indianer (Westtukano; links) und Záparo-Indianer (rechts).

che entstanden hagiographische Legenden, die als Zeichen Gottes für den einen oder anderen Orden gepriesen wurden. So hiess es etwa, dass Indianer, die einen Priester ermordet hatten, sich bekehrten, als ihnen der Ermordete, seinen Kopf unter dem Arm haltend, erschienen war. Die Franziskaner gewannen ihrer populären Wesensart entsprechend die Oberhand in der Frage der Wunder. Unter anderem verbreiteten sie, dass ein Missionar, der allein unter den Indianern weilte, durch Wunder eine neue Kutte bekommen hätte.

Die unterschiedliche Ausbildung von Franziskanern und Jesuiten manifestierte sich auch in ihren Schriften. So berichtet der Franziskaner Santa Gertrudis (1760), dass er, wenn er ausserhalb seiner Mission die Totenmesse las, als Bezahlung zwei Kälber forderte, und phantasiert wiederholt von leckerem Essen, während der asketische Jesuit Veigl (1786) sich mit der Flora, Fauna und den Kulturen des Urwaldes beschäftigte.

Ein königlicher Erlass sprach den Ordensgesellschaften getrennte Gebiete zu: Die Jesuiten bekamen 1638–1640 die sogenannte Provinz von Maynas, die sich um die Flüsse Huallaga, Pastaza, Marañón und Napo erstreckte, zugewiesen; die Gegend um Putumayo und Caquetá sowie die südlichen Teile Amazoniens unterhalb der Provinz von Maynas wurde den Franziskanern unterstellt.

Die Jesuitenmissionen

Kern des jesuitischen Missionsgebiets waren die früh (ca. 1642) gegründeten Missionsstationen wie z. B. Santiago de la Laguna und Limpia Concepción de Xéberos. Der Widerstand der hier lebenden Indianer wurde bald gebrochen. Die Xébero wurden «befreundete Indianer» («indios amigos») der Jesuiten und begleiteten sie bei ihren Ausflügen zu neuen «Schützlingen».

In ihrer Zusammensetzung waren diese Missionsstationen sozusagen multikulturell, denn die Jesuiten siedelten verschiedene Ethnien am gleichen Ort an, teilweise sogar aus sehr entfernten Gebieten, wie z. B. die Omagua (Tupí-Guaraní), die aus dem mittleren Amazonasgebiet zur Station San Joaquín de Omaguas gebracht wurden.

Der Einfluss der Jesuiten auf dieses umfangreiche Gebiet war nicht konstant: Ab 1730 gründeten sie mehrere Dörfer bei den zahlreichen «Encabellados», den tukanosprachigen Indianern des Napo-Flusses. Die Autorität, die der Missionar ausübte, vertrug sich schlecht mit der Sozialstruktur der Indianer. Mehrere Morde und Mordversuche an Missionaren oder deren Helfern sind belegt.

Wie im 18. Jahrhundert sind auch heute noch die Flussläufe die wichtigsten Kommunikationswege.

Gegen 1700 hatte Pater Fritz mehrere Missionen bei den Omagua-Indianern am Amazonas flussabwärts gegründet. Dieses Gebiet wurde später von den Portugiesen besetzt, so dass um 1730 die östlichste der von den Jesuiten betriebenen Missionen die von Pebas war (Yagua- und Peba-Indianer).
Um den Kontakt zu den Indianern herzustellen, liessen die Jesuiten zum Beispiel Eisengegenstände an bestimmten Orten zurück, um sich so eine freundliche Einstellung der Indianer für eine spätere Kontaktaufnahme zu sichern. Oder die «befreundeten Indianer» – meistens waren dies die Xébero – raubten ein oder zwei Kinder aus der Gruppe, die man missionieren wollte. Sie wurden dem Missionar übergeben und von ihm als «ladinos» (Kundige der spanischen Sprache) ausgebildet. Man unterrichtete sie in der christlichen Lehre und schickte sie nach einiger Zeit als Übersetzer und Botschafter zu ihren Gruppen zurück.
Die Begleitung von Soldaten war den Missionaren eine willkommene Hilfe, um rebellischen Indianern Einhalt zu gebieten. Was die christliche Nächstenliebe nicht vermochte, sollten die Waffen bewirken.
Wichtigste Einrichtungen einer Missionsstation waren die Kirche bzw. Kapelle, das Haus des Missionars und ein zentraler Platz in der Mitte des Dorfes. Am Gebet, der Messe und der Verkündung der christlichen Lehre («doctrina») mussten

Aguarico-Fluss, an dessen Ufer im 18. Jahrhundert mehrere Missionen gegründet wurden.

sich alle Indianer beteiligen. Die Männer mussten, jeweils abwechselnd, die Küche des Missionars mit Fischen, Fleisch, Maniok, Bananen und vielem anderen mehr versorgen. Rebellischen Indianern, die sich dem Willen des Missionars nicht beugten, wurden die geschenkten Äxte oder Messer weggenommen. In ernsteren Fällen wurden «Schuldige» sogar in eine Art Gefängnis gesteckt.
Die Jesuiten waren in ihrem weitläufigen Gebiet zwischen 1640 und 1767 tätig. Die Zahl der Missionare, die hier im Urwald lebten, blieb immer niedrig (zwischen 15 und 20). 1767 ordnete Karl III. an, dass alle Ordensmitglieder die spanischen Kolonien zu verlassen hätten. Ihr gesamter Besitz wurde konfisziert. Ein Versuch, die Jesuiten durch Kleriker aus Quito zu ersetzen, schlug fehl.

Die Franziskanermissionen

Die Franziskaner gründeten Missionen bei den Andakí-Indianern, die in den östlichen Abhängen der Anden lebten, sowie bei mehreren Gruppen der Tukano-sprachigen Indianer (Siona, Mamo, Amaguaje, Macaguaje) entlang der Flüsse Putumayo, Caquetá und Caguán (Kolumbien).
Zentrum der Franziskanermission in dieser Gegend war ab 1750 das Colegio de Propaganda Fide in Popayán im heutigen Südkolumbien, damals eine blühende Stadt. (Längst seinem ursprünglichen Zweck entzogen, dient heute das ehema-

lige Kloster als Kolonial-Hotel. In Popayán hört man heutzutage die Legende, nachts irre ein Mönch im Kloster umher!).

Gegen Ende des 18. Jahrhunderts begann die Franziskanermission spürbar zu zerfallen. Einige Mönche hatten Briefe nach Spanien herausgeschmuggelt, um bei den Behörden das Verhalten einiger Glaubensbrüder gegenüber den Indianern anzuprangern. Ein Missionar errichtete sogar einen Galgen in der Mitte eines indianischen Dorfes, um die Einwohner einzuschüchtern. Ein anderer, entnervt durch die Gleichgültigkeit seiner «Schützlinge», steckte deren Pflanzungen in Brand und kehrte daraufhin schliesslich nach Popayán zurück. So kann es nicht verwundern, dass in jener Zeit die Tukano-Indianer zwei Missionare ermordeten.

Ein langwieriger Prozess zwischen Behörden und Franziskanern bahnte sich an, da der Orden sich weigerte, die Missionen weiter zu unterhalten. Der Superior des Colegio in Popayán behauptete, er könne von den Mönchen nicht fordern, in einer Gegend zu bleiben, in der ihr Leben durch die Indianer in Gefahr sei. Demgegenüber vertrat der Fiskus die Meinung, dass dies – das Leben zu riskieren – eigentliche Pflicht jedes Missionars sei. Kurz darauf wurden diese Missionen endgültig aufgegeben.

Etwa um die gleiche Zeit (1780–1790) beklagte Requena, der Gouverneur von Maynas, die in den früheren Jesuitenmissionen herrschenden Zustände: Des Lateins unkundig, konnten die Kleriker aus Quito die Messe nicht lesen. Statt dessen verkauften sie verschiedene Gegenstände an die Indianer und machten dadurch lukrative Geschäfte. Auch sammelten die Indianer Wachs, das dann vom Missionar verkauft wurde. Auch sexuelle Beziehungen zwischen Missionaren und Indianerinnen wurden angeprangert – ein Vorwurf, der jedoch meines Wissens für die Jesuiten nicht zutrifft.

Gegen 1804 rebellierten die früheren Verbündeten der Jesuiten, die Xébero-Indianer, gegen diese Missstände und töteten mehrere Personen. Um diese Zeit begannen die Unruhen, die zur Unabhängigkeitsrevolution und der späteren Entstehung der Nationalstaaten führen sollten. Mit der Vertreibung der Jesuiten und der Beendigung der Tätigkeit der Franziskaner war eine erste Missionsära in dieser Gegend beendet; ihr sollten bis zur Gegenwart andere folgen.

Wenn man bedenkt, wie relativ einfach sich viele indianische Gesellschaften dem Wirken der Missionare entzogen, indem sie z. B. ihre Siedlungsorte wechselten, muss man sich fragen, weshalb sie die Missionare oft dennoch akzeptierten. Aufschlussreich ist hier die Aussage eines Jesuitenpaters (Zárate, 1735), die viele Parallelen in anderen Quellen hat:

«... und sie / die Indianer / zum Ufer des Flusses rufend, indem man die Äxte, die sie so hoch schätzen, schlagen lässt, dann kommen sie willig» (Übersetzung der Autorin)

Der Satz mag manchem Leser ein Lächeln entlocken wegen der scheinbaren Naivität der Indianer. Aber die hier angesprochene Faszination ist verständlich, wenn man die Veränderungen in Betracht zieht, die die bis zur Ankunft der Spanier unbekannten Eisengegenstände (die u. a. die Steinäxte ersetzten) im Leben der Indianer auslösten: grössere Felder konnten angelegt, Kanus aus grösseren Bäumen hergestellt werden. In weiten Teilen Amazoniens wurde die Bereitschaft der India-

ner, die christliche Lehre anzuhören, mit Geschenken in Form von Messern und Äxten erkauft. Doch der Besitz der hochgeschätzten Utensilien verursachte seinerseits Reibereien und Neid bis hin zu interethnischen Kriegen zwischen rivalisierenden Gruppen.
Ein weiterer gewichtiger Grund, der zur Akzeptanz der Missionare beitrug, war der Schutz, den sie gegen das Eindringen der Portugiesen in diese Gegend boten. Ab etwa 1700 kamen die Portugiesen aus Pará (im heutigen Brasilien) bis zum Oberlauf des Amazonas, um Indianer zu verschleppen, die sie als Arbeitskräfte brauchten, und um Urwaldprodukte (Öle, Baumharz, etc.) zu sammeln.
Wahrscheinlich ohne ihr Wissen waren die Missionare mitverantwortlich für einen Völkermord: Sie schleppten Krankheiten (Pocken, Grippe) ein, gegen die die Indianer schutzlos waren. Während des 17. und 18. Jahrhunderts gab es mehrere verheerende Epidemien, in deren Folge ganze Siedlungen verschwanden, weil kein einziger Einwohner überlebte. Insbesondere die Kindersterblichkeitsrate muss – selbst wenn genauere Informationen hierfür fehlen – sehr hoch gewesen sein: 1760 stellte ein Missionar mit Erstaunen fest, dass von den zahlreichen Kindern, die er in den letzten Jahren getauft hatte, nur noch wenige am Leben waren.
Der Eingriff der Missionare hat auch die Gegenwart geprägt, denn die früh gegründeten, nahe den bevölkerten Zentren gelegenen Missionen haben wie ein «melting pot» gewirkt. Die Gruppen, die dort lebten, sind entweder ausgestorben oder haben ihre ethnische Identität verloren: Es gibt heute keine Xébero, Omagua oder Andaquí mehr.
Besser erging es jenen Ethnien, die relativ spät mit den Ordensgesellschaften in Kontakt kamen, sei es, weil sie entfernt lebten oder weil sie sich mit Hartnäckigkeit weigerten, der christlichen Religion Gehör zu schenken, wie die Peba und die Yagua sowie Gruppen der Tukanosprache. Sie konnten diese Prozesse überleben.

Literatur

José Chantre y Herrera: Historia de las Misiones de la Compañía de Jesús en el Marañón español 1637–1767. 1901.

Waltraud Grohs: Los indios del Alto Amazonas del siglo XVI al siglo XVII. Poblaciones y migraciones en la antigua Provincia de Maynas. Bonn 1974 (Bonner Amerikanistische Studien, Bd. 2).

Juan de Santa Gertrudis: Maravillas de la Naturaleza. 2 Bd. Biblioteca de la Presidencia de la República. Bogotá 1956.

Franz Xavier Veigl: Gründliche Nachrichten über die Verfassung der Landschaft von Maynas in Südamerika bis zum Februar 1768... In: Christoph G. von Murr (Hg.), Reisen einiger Missionarien der Gesellschaft Jesu in Amerika. Nürnberg 1785.

Andrés de Zarate *et. al*: Relacion de la Mission Apostolica que tiene á su cargo la Provincia de Quito de la Compañia de Jesús en el gran Rio Marañón. En que se refiere lo sucedido desde el año de 1725 hasta el año de 1735. AGI (Archivo General de Indias): Quito 158 (1735).

Daneben wurden zahlreiche Manuskripte im Archivo General de Indias, Sevilla, Spanien, Archivo Nacional de Historia, Quito, Ecuador, und Archivo Central del Cauca, Popayán, Kolumbien, ausgewertet.

Danksagung: Meiner Freundin Marlis Sors, Frankfurt a. M., verdanke ich die Korrektur des Manuskripts.

Alice Spinnler-Dürr

Kleider machen Leute

Textilien und Identität der Quechua im Patakancha-Tal (Peru)

Inka-Herrscher Sinchi Roca, Lloque Yupanqui und Mayta Capac, Wandmalerei in der Mühle von Acoma.

Leuchtendrot, schwarz und weiss ist die Kleidung der Indios im Patakancha-Tal. Deshalb werden sie von den Mestizen auch *wayruru* genannt. *Wayruru* ist die Quechua-Bezeichnung für schön/makellos, aber auch für gewisse rot-schwarze Samen, die als Glücksbringer gelten. Mit ihrer prächtig gemusterten, selbstgewobenen Kleidung wollen sich die Indios bewusst von den Mestizen abgrenzen und ihren Gruppenzusammenhalt stärken. Indem der Indio die Kleidung trägt, die für seine Herkunft wie auch für seinen sozialen Status bezeichnend ist, bekennt er sich zu seiner sozialen und ethnischen Gruppe und steht deshalb in Opposition zu den übrigen Peruanern, hat aber gleichzeitig die Gewissheit zu einer genau definierten Gruppe zu gehören, mit der er sich identifizieren kann. Durch die Kleidung, die bei einer zufälligen Begegnung viel früher wahrgenommen wird, als Stimmen gehört oder Gesten und Gesichtsausdruck identifiziert werden können, zeigt er seine Zugehörigkeit und seinen Status an. Kleidung ist demzufolge ein komplexes und sehr präzises nichtverbales Kommunikationssystem, das sich den veränderten Gegebenheiten anpasst. Auch die Kleidung der Indios hat in den letzten 500 Jahren gewisse Änderungen durchgemacht.

Kleidung und deren Funktion im Inka-Staat

Kleidung, generell Textilien, haben eine vielfältige Funktion im Inka-Staat: Herkunftsnachweis und Statusanzeige des Trägers, Opfergabe und Geschenk, sowohl im familiären Rahmen wie auf staatspolitischer Ebene.

Inka-Prinzessin (Museo Arqueologico Cuzco).

Männer- und Frauenkleidung

Die Kleidung des erwachsenen Mannes bestand aus einem ärmellosen, tunikaartigem Hemd *(uncu)*, das bis zu den Knien reichte, einer Schambinde *(uara)*, einem Überwurf *(yacolla)*, Sandalen *(usuta)* und einer Kopfbedeckung unterschiedlichster Art, vom Stirnband über eine Mütze bis zum Hut. Die Frau trug einen Wickelrock *(anacu)*, dessen Enden vorn übereinandergeschlagen, zu den Schultern hochgezogen und mit zwei Nadeln *(tupu)* befestigt wurden. Ein Gürtel *(chumpi)*, mehrfach um den Körper gewunden, fixierte den Wickelrock zusätzlich. Ein Schulter-

tuch *(lliclla)*, vorne ebenfalls mit einer Nadel *(tupu)* zusammengehalten, Sandalen sowie ein Stirnband *(vincha)* vervollständigten ihre Bekleidung. Die Frauen trugen das Haar zu Zöpfen geflochten, die Männer banden das ebenfalls lange Haar zu einer Art Pferdeschwanz zusammen.
Die Kleidung unterschied sich in Details, besonders in der Kopfbedeckung von Region zu Region, von Dorf zu Dorf und zeigte eindeutig die Herkunft des Trägers an. Nicht nur die Bewohner trugen die typische Lokaltracht, sondern auch die zu einem bestimmten Dorf gehörenden Idole *(huaca)*. Es war dem gewöhnlichen Volk strengstens verboten, die Kleidung auch nur minimal zu verändern, sogar dann, wenn sie auf Geheiss des Inka in andere Gebiete umgesiedelt wurden, um potentielle Feindseligkeiten und Rebellionen unterworfener Völker durch die Durchmischung mit inkatreuen Gruppen niedrig zu halten. In diesem Fall erhielten diese Kolonisten *(mitimaes)* ein neues «Ursprungsheiligtum» *(huaca pacarisca)*. War das Idol ein Stein oder aus Holz, so konnte durch das Bekleiden mit den typischen Textilien ein weiteres Idol geschaffen werden, dem die gleiche Verehrung wie dem ursprünglichen entgegengebracht wurde. Deshalb auch die Ermahnung, als die Spanier im 16. Jahrhundert den Aberglauben und das Heidentum ausrotten wollten, besonders auch die Textilien der Idole zu vernichten, da mit diesen ohne grosse Schwierigkeiten ein neues Idol geschaffen werden konnte.

Verschiedene Mythen befassen sich mit der Beziehung von Stein und Textilien. So erschuf nach der Sintflut der «Schöpfer aller Dinge» (Ticci Viracocha) in Tiahuanaco alle künftigen Völker und Nationen aus Lehm und malte auf ihren Körper die Kleidung, die sie zu tragen hatten. Dann hiess er sie an der Stelle hervorkommen, wo sie künftig leben sollten. Jedes Volk trug folglich diejenige Kleidung, mit der sein Idol *(huaca)* bekleidet war. Der Schöpfergott reiste danach mit seinen zwei Söhnen nach Cuzco, später nach Ecuador. Ein Sohn hiess Imaymana Viracocha, Viracocha aller (geschaffenen) Dinge, der andere Tocapu Viracocha, Viracocha der Tucapu-Muster (*tucapu* sind rechteckige, sehr abstrakte Muster unterschiedlichster Art, die auf bestimmten Zeremonialtextilien in Reihen, Bändern oder Diagonalen vorkommen). Der Name des ersten Sohnes symbolisiert die Idee der Schöpfung aller Dinge, der Name des zweiten Sohnes hingegen deren Reflexion in den Textilien.
Kleidung erst unterscheidet die wirklichen Menschen von Barbaren und Tieren. Kleider und Stoffe waren schon in vorinkaischer Zeit Statussymbole. Die Inka-Oberschicht trug zwar Kleidungsstücke gleicher Form und gleichen Zuschnitts wie das gewöhnliche Volk, aber in Material, Qualität, Feinheit, Verzierung und Musterung wurden die Rangunterschiede sichtbar. Zusätzlicher Schmuck aus Gold, Silber und Federn sowie die enormen Ohrpflöcke, nach denen sie von den Spaniern «orejones» (Grossohren) genannt wurden, sind weitere Statusmerkmale.
Der Inka zum Beispiel zog nie dasselbe Hemd ein zweites Mal an, sondern verschenkte dieses als besondere Ehrbezeugung an verdienstvolle Soldaten, Verwaltungsbeamte, Verwandte sowie an befreundete oder unterworfene Häuptlinge. Als Hochzeitsgabe überreichte der Inka seiner Braut ein feines und reichgestaltetes Kleidungsstück sowie eine Gewandna-

Der *curaca* Pumacahua von Chinchero, der wesentlich zur Unterwerfung des Aufstands von Tupac Amaru, 1780/81, beigetragen hat, mit seiner Frau und weiteren Verwandten. Wandmalerei im Porticus der Kirche von Chinchero.

del sinngemäss mit den Worten: «... so wie du nun Herrin über dieses Kleidungsstück bist, sollst du auch Herrin über alle Dinge sein, genau wie ich selbst, der Inka». Im Austausch erhielt er von ihr ein prächtiges, selbstgewobenes Kleid. Auch an die Verwandten und geladenen Gäste verteilte der Inka Textilien und Kleidungsstücke.

Bedeutung der Textilien für Verwaltung und Kirche

Der Bedarf der Verwaltung an Textilien war enorm. Hauptbezüger der staatlichen Textilien waren die Soldaten. Die Muster *(tocapu)* hatten vermutlich auch heraldische Funktionen, waren sie doch auch auf den Kriegsschilden anzutreffen. Zudem zeigten sie den militärischen Rang des Trägers an. Im ganzen Reich verteilt befanden sich grosse Lagerhäuser mit Kleidern, Decken, Zeltstoffen und Nahrungsmitteln, damit das Heer während der Eroberungsfeldzüge immer mit dem Nötigsten versehen war. Sich im Kampf auszeichnende Soldaten erhielten als Belohnung Stoffe und Kleidung; die jungen Männer im Alter von 18–20 Jahren, die als Träger und vor allem als Meldeläufer Dienst taten, erhielten als Entgelt einfache Kleider und Mais (Mais war dem Adel vorbehalten; das gewöhnliche Volk musste sich normalerweise mit Kartoffeln und anderen Knollenfrüchten begnügen). Für die Wichtigkeit der Textilien spricht auch, dass der Inka-General Quisquis bei der Besetzung von Jauja durch die Spanier vor dem fluchtartigen Rückzug seiner Armee zwar den Befehl gab, die Lagerhäuser zu verbrennen, um die darin aufbewahrten Vorräte an Mais und Kleidung nicht in die Hände der Weissen fallen zu lassen, aber 4000 Gefangene und 15000 Lamas zurückliess. Auch das Entkleiden und Wegreissen der Kleidung durch die Sieger, um die Macht der besiegten Gegner zu brechen, war noch während der Kolonialzeit üblich; so entkleideten die rebellischen Indios während des Aufstands von 1780–81 unter der Führung Tupac Amarus die toten Gegner.

Der Inka-Staat war auf der Basis des Gebens und Nehmens aufgebaut, deren Wurzeln weit in die vorinkaische Zeit hineinreichten. Der Inka war zwar als Sohn des Sonnengottes und als seine Verkörperung auf Erden ein absoluter Herrscher, war aber in ein weitläufiges System von reziproken (wechselseitigen) Verpflichtungen eingebunden. Die Tributpflicht seiner Untertanen lag nicht in den Abgaben, die aus dem soundsovielten Teil des Ertrags bestanden, den sie aus ihrem Boden oder Viehbestand erwirtschafteten, sondern im Kriegsdienst und in Arbeitsleistungen, die sie für den Inka auf dessen Feldern oder im Strassen- und Festungsbau erbrachten, oder im Falle von Textilien in der Verarbeitung von Rohmaterialien, die ihnen zur Verfügung gestellt wurden. Der Inka hatte seinerseits die Pflicht, die für ihn arbeitenden Untertanen zu verpflegen und mit Geschenken zu entgelten. Auch der riesige Verwaltungsapparat und das Heer wollten unterhalten sein. In Not- und Katastrophenzeiten erhielt auch die übrige Bevölkerung aus den staatseigenen Vorratshäusern Nahrungsmittel, Kleider u.a. Als weitere Gegenleistung war der Inka verpflichtet, zwischen den Göttern und Menschen zu deren Wohlergehen zu vermitteln.

Textilien spielten auch in den politischen Beziehungen eine wichtige Rolle. Unterworfene Völker und ihre Götter erhielten nach ihrer Eingliederung in das Inka-Imperium grosszügige Geschenke, u.a. in Form von Textilien und Kleidern, wohl um damit die neuen Untertanen in das System der reziproken Verpflichtung zu integrieren. Denn in dieser geldlosen und mit einem sehr beschränkten Handels- und Marktsystem ausgestatteten Gesellschaft war dies eine der Möglichkeiten, um fremde Kulturgüter auszutauschen.

Auch im religiösen Bereich, sowohl im familiären Rahmen wie auch auf staatskirchlicher Ebene, waren Kleidung und Textilien als Ritualobjekte unerlässlich. Deshalb hatte auch die Kirche einen grossen Bedarf an Textilien, vor allem zu Opferzwecken, da diese neben Lamas zu den wichtigsten Opfergaben zählten. Bei der Opferung wurden Lamas und die gespendeten Textilien verbrannt. Die Kirche konnte ebenfalls die Arbeitsleistung der Bevölkerung unter denselben Bedingungen wie der Inka in Anspruch nehmen.

Kleidung und Textilien waren folglich unerlässlich für das reibungslose Funktionieren von Kirche und Staat.

Kleidung und Kleidervorschriften während der Kolonialzeit

Nach der Eroberung des Inka-Reiches 1532 durch die Spanier wurden zunächst Heiraten mit «Inka-Prinzessinnen» von der spanischen Krone gefördert, um mit dem einheimischen Adel Allianzen zu schliessen, wohl aber auch, um sich auf diese

Heirat der Inka-Prinzessin Beatrix mit dem Spanier Martin Loyola, Neffe des hl. Ignatius, und Lorenza de Loyola, Tochter von Beatrix und Martin, mit Juan Borja, Sohn des Ordengenerals Francisco de Borja; links im Hintergrund ist die Familie der Prinzessin zu erkennen, in der Mitte Ignatius und Franciscus. Gemälde im Beaterio de Copacaban, Lima.

Weise indianische Herrschaftsansprüche und Ländereien anzueignen, da nach spanischem Recht der Ehemann die Verfügungsgewalt über die Güter seiner Frau erhielt. Das riesige Inka-Reich wäre mit der anfänglich doch geringen Anzahl spanischer Edelleute und Soldaten ohne indianische Hilfe nicht zu kontrollieren, geschweige denn zu regieren gewesen. Aus diesem Grunde wurde den *curacas*, d. h. den einheimischen Dorfvorstehern, und den *indios principales* (Adelsschicht) erlaubt, spanische Kleidung zu tragen, um sie, wenigstens in der äusseren Erscheinung, den Spaniern gleichzustellen. Dies sowie die Bestätigung zahlreicher Vorrechte zog die indianische Oberschicht auf die Seite der Spanier.

Der spanische Oidor (Gerichts-Beisitzer) Matienzo unterstützte das Tragen spanischer Kleidung aus folgenden Überlegungen: «... durch das Tragen spanischer Kleidung lernen die Einheimischen die Spanier schätzen und lieben; spanische Kleidung erst lässt sie zu richtigen Menschen werden» (analog dem inkaischen Verständnis von Kleidung).

Die Masse der indianischen Bevölkerung aber bevorzugte ihre einheimische Kleidung, obwohl sie durch die *repartimientos* (Zwangskäufe) gezwungen wurden, für teures Geld, respektive Naturalien und Arbeitsleistung, *ropa de Castilla* (spanische Kleidung), die keinen Gebrauchswert für sie hatte, zu überhöhten Preisen zu erwerben; mit Verlust wurde diese dann weiterverkauft. Dadurch wurden sie praktisch in die Schuldknechtschaft (u. a.

zu Zwangsarbeit in den Textilmanufakturen) getrieben. Wer sich hingegen sozial verbessern wollte, ersetzte mindestens Teile der indianischen Tracht durch spanische Kleidungsstücke. Allmählich nahm die Hispanisierung der Kleidung zu, nicht auf dem Land, aber im Einzugsgebiet der Städte und grösseren Orte.

Ein spanisches Kleidungsstück hingegen hatte schon früh Akzeptanz in der Bevölkerung gefunden: der Hut. Poma de Ayala gibt 1613 den spanischen Behörden den Rat, trunksüchtigen Indios mit dem Entzug der Erlaubnis, den Christenhut zu tragen, zu drohen. Der *llauto* (Stirnbinde), das inkaische Kleidungsstück, das an erster Stelle die Zugehörigkeit zu einer bestimmten Region symbolisierte, wurde durch den Hut als Zeichen der Einbindung ins allumfassende spanische Kolonialreich ersetzt. Unterschiede in Form, Farbe, Material wiesen wiederum auf die Herkunftsregion hin. Der Hut hatte noch eine weitere symbolische Funktion, musste doch der sozial Niedrigere vor dem gesellschaftlich Höhergestellten als Zeichen seiner Unterwürfigkeit den Hut ziehen.

Nach der niedergeschlagenen Rebellion (1780–81) des *curaca* von Tinta, José Gabriel Condorcanki Noguera, der seine Abstammung vom 1572 hingerichteten «Rebellen-Inka» Tupac Amaru herleitete, wurden von der spanischen Krone energische Massnahmen getroffen, um die kulturelle Akkulturation und Assimilation zu forcieren. Am 21. April 1782 wurde vom *visitador* José Antonio de Areche in Aranjuez, um dem indianischen Widerstand die Identifikationsgrundlage zu nehmen, folgendes erlassen: ultimatives Verbot des Tragens indianischer Kleidung; Verbot, Inkas in ihrer traditionellen Kleidung abzubilden; Verbot der «Comentarios Reales» von Inca Garcilaso de la Vega wegen ihrer Funktion als Aufrührerschrift u. a. m. Das Bewusstsein der Inka-Vergangenheit war im indianischen Volk noch sehr lebendig und konnte durch geschicktes Anwenden von Identifikationssymbolen geweckt werden. Der Rebellenführer Tupac Amaru trug über dem blauen Samtgewand mit Goldeinfassung und kurzer Hose spanischen Zuschnitts ein reichbesticktes Inka-Hemd *(uncu)* und als Zeichen seines Anspruchs auf die Herrscherwürde den *llauto* mit der *mascaipacha* (Stirnband mit den königlichen Insignien) sowie als Schmuck eine Kette mit der Sonnenscheibe, Sinnbild für den Sonnengott und seine eigene göttliche Abstammung (als Nachkomme eines Inkas). Zweck der Rebellion war nicht die Loslösung von der spanischen Krone, sondern eine gerechtere Verwaltung sowie die Abschaffung des Arbeitszwangs (z. B. in den Textilbetrieben und Minen) und des *repartimientos*.

Die Standardkleidung der Indios besteht seitdem für die Männer aus Kniehose, Frack, Hemd, Poncho (erst in der Kolonialzeit entstanden), Mütze und Hut, sowie für die Frauen aus Rock, Bluse, Jacke, Schultertuch und Hut. Durch diese für alle geltenden Kleidervorschriften wurden gleichzeitig auch der ehemaligen indianischen respektive mestizischen Führungsschicht die sichtbaren Privilegien entzogen. Die Spanier waren ja nicht mehr auf deren Vermittlerrolle angewiesen, da im Laufe der Zeit viele ihrer Funktionen durch spanische Beamte übernommen wurden.

Genau wie zu Zeiten der Inka lässt sich die Textilproduktion in drei Bereiche unterteilen, nur dass die Spanier sich nicht

in das traditionelle reziproke System eingebunden fühlten und die Masse der Bevölkerung rücksichtslos ausbeuteten:
- Herstellung von Textilien für den Eigenbedarf
- Herstellung von Zierstoffen für die spanische Oberschicht und die Kirche
- Massenproduktion von Baumwoll- und Wollgeweben für die in den Städten und Minen arbeitenden Indios (häufig auf den von den Spaniern eingeführten Trittwebstühlen)

Die bald einmal von den Spaniern zur Deckung des notwendigen Bedarfs an Textilien gegründeten Textilmanufakturen wurden von *encomenderos, corregidores* (Verwaltern und Beamten), Gutsbesitzern und Priestern geleitet, die in irgendeiner Form Verfügungsgewalt über ihre Arbeitskräfte (*encomienda*-Recht, Schuldtilgung) hatten. Die Arbeitsverhältnisse und sozialen Bedingungen der Textilarbeiter und -arbeiterinnen in den verhassten Werkstätten, «wo man dem Tod geweiht ist», waren mehr als erbarmungswürdig. Trotz Untersuchungen seitens der spanischen Krone änderte sich nichts; erst nach dem Aufstand von Tupac Amaru, der mit dessen Vierteilung durch vier Pferde in Cuzco endete (im 20. Jahrhundert ein beliebtes Textilmotiv), wird die Verwaltung reorganisiert; an der Ausbeutung der Indios änderte sich hingegen nichts.

Kleidung und indianische Identität im Patakancha-Tal

Das Patakancha-Tal, im südlichen Teil der peruanischen Anden gelegen, ist etwa 70 km von Cuzco, der ehemaligen Inka-Hauptstadt, entfernt. An seiner Mündung in das Urubamba-Tal befindet sich Ollantaytambo, ebenfalls eine inkaische Grün-

Junges Paar aus Willuq, Patakancha-Tal, in traditioneller Kleidung.

dung. Ollantaytambo (2800 m) sowie Pallata und Qulqarakay, zwei Siedlungen im unteren Teil des Patakancha-Tales, werden vorwiegend von Mestizen bewohnt; Willuq (um 3500 m) und Patakancha (um 4000 m) sind Indio-Gemeinden. Die Mehrheit der *comuneros* von Willuq und Patakancha spricht nur Quechua. Ihre Subsistenz bilden Ackerbau (Mais, vor allem Kartoffeln) und Viehzucht (Lamas und Alpakas, Schafe). Reichgemusterte Ponchos und Schultertücher *(lliclla)* sind auffälligstes Unterscheidungsmerkmal zwischen Indios und Mestizen.

Seit der forcierten Übernahme spanischer Kleidung gegen Ende des 18. Jahrhunderts hat sich die indianische Kleidung erst wieder in den letzten Jahrzehnten zu verändern begonnen, so dass die traditionelle indianische Tracht sehr häufig noch mit der europäischen (spanischen) Stadtkleidung des ausgehenden 18. Jahrhunderts, zumindest in der Gegend von Cuzco, identisch ist. Nicht in allen Gegenden des ehemaligen Vizekönigreichs Peru hat dieser Prozess gleichermassen stattgefunden, so dass in gewissen Regionen (vor allem dem heutigen Bolivien) die Indianer die Tracht tragen, die in anderen Gegenden den Mestizen vorbehalten ist. Deshalb ist es auch so schwierig, verallgemeinernd für ganz Peru von der Kleidung auf die ethnische Zugehörigkeit zu schliessen, innerhalb der Region ist dies aber sehr wohl möglich.

Im Patakancha-Tal hat in den letzten dreissig Jahren wiederum ein Wandel in der Kleidung, wenn auch nur in geringem Masse, stattgefunden, der zumindest im Fall der Männerkleidung von aussen induziert, aber von den Bewohnern des Patakancha-Tals wohl freiwillig vorgenommen wurde. In den sechziger Jahren wurden in ganz Peru sogenannte *sindicatos* (eine Art Gewerkschaften) gegründet, mit dem Zweck, Forderungen nach vermehrter Nutzniessung von Hacienda-Land, höheren Löhnen und weniger Fronarbeit durchzusetzen. Die Latifundien (Ackerbau und Viehzucht) im peruanischen Hochland hatten eine besondere Struktur. Grosse Flächen der Haciendas wurden von den *colonos* (Wohnsitz in Nähe des Hacienda-Sitzes) und den *feudatarios* (Wohnsitz weiter weg, nicht unter direkter Kontrolle) für ihren Eigenbedarf bepflanzt und beweidet; für ihre Arbeit auf der Hacienda wurden sie je nach dem mit einem bescheidenen Entgelt entlöhnt. Auch die *feudatarios* vom Patakancha-Tal gründeten 1960 zusammen mit den *colonos* von Ollantaytambo ein *sindicato*, um ihre Forderungen gegenüber der Hacienda Compone durchzusetzen. Unterstützt durch die Agrarreformprogramme seitens der Regierung hatten sie Erfolg. In Ollantaytambo wurden Landwirtschaftskooperativen errichtet; die *feudatarios* im Patakancha-Tal setzten ihre Forderung nach Land als Individualbesitz durch. Im Zuge der Zusammenarbeit mit den Mestizen in der Gewerkschaft wurden die Indios, um nicht als rückständig zu gelten, überredet, doch an Stelle der schwarzen indianischen Kniehose und dem Frack (inkaisch, wie die Indianer diese Kleidung nennen) lange Hosen europäischen Stils zu tragen und den Frack ganz wegzulassen. Deshalb besteht die jetzige Kleidung der *comuneros* des Patakancha-Tals aus einer weissen langen Hose, einem gekauften Pullover, einer rot-weissen, mit Knöpfen und Glasperlen verzierten Weste, dem unverkennbaren rot-weissen gemusterten Poncho sowie einer gestrickten Ohrenmütze und einem weissen Filzhut, der früher eben-

Indianerfamilie aus dem Patakancha-Tal in ihrer traditionellen Kleidung.

falls schwarz war und in der Form sehr dem Frauenhut glich. Die Kleidung macht nichtsdestotrotz einen indianischen Eindruck, da Material und Schnitt heimgefertigt sind. Sogar wenn, wie neuerdings immer mehr der Fall, die selbstgeschneiderte Hose durch eine gekaufte, andersfarbige ersetzt wird, bleibt die indianische Erscheinung, hervorgerufen durch die Hauptelemente Poncho, Mütze und Hut, intakt.

Die Frauenkleidung hingegen hat nur subtile Veränderungen durchgemacht, indem der vorher bis gut Mitte der Waden reichende schwarze Rock etwas kürzer wurde, dafür die rote Bordüre am Saum breiter. Das Schultertuch der Frau, ehemals mit dunklem Grund und schmalen, geometrischen Bändern an den Seiten, ist nun dominierend rot, mit breiten, figürlichen Musterstreifen über das ganze Tuch verteilt; der braune Grund ist teilweise noch als schmaler, dunkler Streifen in der Mitte anzutreffen. Eine mit Knöpfen und Glasperlen verzierte rote, langärmelige Jacke, ein gekaufter Pullover sowie der schwarze Hut vervollständigen die Bekleidung der Frauen.

Auch die Ponchos der Männer weisen nun figürliche Musterbänder, alternierend mit schmalen, einfarbigen Streifen auf rotem Grund auf. Dieser Trend dürfte auf den wirtschaftlichen Aufschwung zurückzuführen sein, der seit gut zwanzig Jahren durch den Tourismus ins Tal gebracht wurde. Die Männer finden eine, verglichen mit dem Entgelt als Tagelöhner auf den landwirtschaftlichen Betrieben der Mestizen, gut bezahlte Tätigkeit als Lastenträger auf dem *camino del Inca*, der etwa 20 km unterhalb von Ollantaytambo beginnt und in einem etwa 3- bis 4tägigen Marsch nach Machu Picchu führt. Mit dem Geld kann synthetisches Garn gekauft werden, was den Frauen das Färben und Spinnen der Wolle erspart; Zeit, die nun in die aufwendigere Musterung investiert werden kann. Wohlstand und relativer Reichtum kann am Zustand der Kleidung sowie an der komplizierten Musterung abgelesen werden.

Die figürlichen Motive haben ihren Ursprung in Kachin, einem Ort, der auf dem Weg vom Patakancha-Tal ins Laresgebiet liegt. Besucher aus Kachin, die ins Patakancha-Tal kommen, um das Fest des *Niño* von Willuq, dem wundersame Kraft nachgesagt wird, zu besuchen, haben mit ihren gemusterten Ponchos und *lliclla* (Umschlagtücher) die Aufmerksamkeit der einheimischen Weberinnen erregt. Die geschicktesten unter ihnen haben die figürlichen Muster aus dem Kopf nachgewoben und nach ihrem Geschmack abgewandelt. Nach und nach haben sich diese neuen Motive durchgesetzt, vor allem bei den jüngeren Weberinnen. Je vielfältiger und komplizierter die Musterung, desto grösser das Ansehen. Frauen, die keine figürlichen oder nur ganz einfache Muster weben, gehören nicht mehr zu den besten Weberinnen, auch wenn ihre Webarbeit an Qualität nichts zu wünschen übriglässt. Sie lassen nun bei anderen Weberinnen, meist Verwandten oder *comadres* (Patinnen ihrer Kinder), gegen ein kleines Entgelt, z. B. ein Meerschweinchen oder einen Sack Mais, Ponchos oder *lliclla* weben. Die Muster sind folglich nicht mehr im Besitz eines Dorfes oder einer Familie, sondern werden aufgrund von Inspirationen gewoben. Dennoch können die Weberinnen anhand kleiner Details genau sagen, aus welchem Dorf, oft sogar von welcher Frau das Textil stammt.

Durch ihre folkloristische Erscheinung werden die *comuneros* aus dem Patakancha-Tal Trägern aus anderen Orten, die zum Teil sogar näher gelegen sind, vorgezogen und kommen so mit Fremden, vorwiegend Amerikanern und Europäern, in Kontakt. Getragene Textilien lassen sich gut an Touristen verkaufen, so dass neue Wolle für neue Textilien gekauft werden kann. Denn bei der Übernahme eines *cargos* [Verpflichtung, die das Individuum gegenüber seiner *comunidad* zu erfüllen hat, z. B. das Amt des *alcalden* (Dorfvorsteher), des *regedors* (Helfer des *alcalden*); Messen anlässlich des Festes des *Niños* zu stiften, aber auch Heirat, Kindstaufe etc.] sollte die ganze Familie neu eingekleidet werden, ein enormer Aufwand an Zeit und Geld, abgesehen von den hohen Kosten, die die Bewirtung der zahlreichen Gäste verursacht.

Die Frauen haben wegen ihrer Funktion als Weberinnen der Ponchos und *lliclla* einen hohen Status innerhalb der *comunidad*; sie sind z. B. von der harten Arbeit auf den Feldern befreit, damit sie genügend Zeit zum Weben haben.

Bis jetzt wird im Patakancha-Tal noch nicht für den Verkauf gewoben, nur gebrauchte Textilien werden weiterverkauft. Die Textilien sind daher von beachtlicher Qualität; flüchtige Arbeit wird kritisiert und abschätzig bewertet. Die Wertschätzung ihrer Textilien durch Touristen, aber auch durch die Mestizen von Ollantaytambo erfüllt die Leute aus dem Patakancha-Tal mit

Stolz und hebt ihr Selbstwertgefühl. Poncho und *lliclla* sind für sie Identifikationssymbole und zeigen ihre Zugehörigkeit zur *comunidad* an. Diese Kleidungsstücke geben ihnen durch ihre positive identitätsfördernde Funktion einen Rückhalt bei der Konfrontation mit der Mestizo-Gesellschaft von Ollantaytambo, von der sie als minderwertig betrachtet und ausgebeutet werden.

Literatur

Armin Bollinger: So kleideten sich die Inka. Schriftenreihe des Institutes für Lateinamerikaforschung und Entwicklungszusammenarbeit an der Hochschule St. Gallen 2. Dissenhoffen 1983.

Carl Graumann: On multiple identities, International Social Science Journal 35 (96): 309–321.

John V. Murra: Cloth and its function in the Inka State, in: Weiner, Anette B. (ed.), Cloth and human expression. Washington 1989: 275–302.

Mark Münzel

Andere Bäume

Notizen zur Auffassung von den Pflanzen in einer südamerikanischen Kultur*

Aché-Frauen mit Kind.

Unser noch recht junges ökologisches Bewusstsein sucht sich gerne Ahnen bei sogenannten «Naturvölkern». Dabei wird oft übersehen, dass es sich dort selten um ein aus naturwissenschaftlichen, ökologischen Überlegungen gespeistes Naturverständnis handelt, sondern um eine Mystik, von der nur schmale und morsche Brücken etwa zur modernen Bodenkunde führen. Letztere hat es nicht verdient, auf ein Geraune von «Mutter Erde» reduziert zu werden, während andererseits die Mystik aussereuropäischer Religionen es nicht verdient hat, auf die Kenntnis von Bodensorten reduziert zu werden.

Im folgenden gebe ich ein Beispiel für die religiösen Auffassungen einer indianischen Kultur von der sie umgebenden pflanzlichen Natur. Mein Anliegen ist dabei, neben der Poesie auch die Fremdheit der Sichtweise zu verdeutlichen. So stelle ich die indianischen Ansichten in der ihnen eigenen Nichtanpassung an unsere Vorstellungen von Religion, Analyse und Natur vor.

Die Aché in Ostparaguay waren bis in die sechziger Jahre, die letzten bis in die achtziger, Sammlerinnen und Jäger ohne Bodenbau. Sie waren insofern nicht typisch für die (ja seit vielen Jahrhunderten sesshafte und bäuerliche) Mehrheit der südamerikanischen Indianer, und auch ihr Verhältnis zur Natur war darum eigen. Andererseits finden sich in ihrer religiösen und mystischen Welt viele Gemeinsamkeiten mit der Glaubenswelt ihrer zahlreicheren sesshaften Nachbarn, insbesondere der auch sprachlich verwandten Guaraní.

So konnte der beste wissenschaftliche Kenner der Religionen der Guaraní in Paraguay, León Cadogan, von deren Naturvorstellungen ausgehen, um auch in die Glaubenswelt der Aché einzudringen. Er hatte bei den Guaraní die grosse Bedeutung der Klassifizierung und Rolle von Pflanzen, insbesondere Bäumen im mystischen Denken bemerkt und wurde um so rascher auf ähnliche Denkansätze bei den Aché aufmerksam. Auf seine Forschungen (zusammengefasst u.a. in seinem Buch «Ta-ngy puku», Asunción 1973), aber auch auf die der Philologin Branislava Sušnik und des Ethnologen Pierre Clastres, zuletzt auch auf eigenen Forschungen während eines Aufenthalts bei Aché-Indianern 1971/72 baue ich im folgenden auf.

Bei vielen südamerikanischen Waldindianern setzt die Religion eine komplizierte und wenigstens vordergründig widerspruchsvolle, mystische Wahrheit gegen die «Realität» unserer Sinne. Die Welt scheint für die Denker jener Kulturen keine statische Materie zu sein, sondern aus ineinander verwobenen und sich verschiebenden, unterschiedlichen Realitäten zu bestehen. Ein Ding ist nicht immer das gleiche Ding, sondern zeigt unterschiedliche Erscheinungsformen, je nachdem, wer es wie betrachtet. Die Natur wird deshalb nicht immer wie in unserer Populärbiologie als eine Ansammlung fester Körper beschrieben, sondern auch als eine Bewegung ständiger Verwandlungen und Verkleidungen.

Dabei treffen wir auf zumindest zwei verschiedene Realitätswelten, die diesseitige und die jenseitige. Aus der Perspektive des Diesseits erweist sich das Jenseits vielfach als eine verkehrte Welt, und um-

* Dieser Aufsatz ist eine Überarbeitung eines Abschnitts in meinem Buch *Die Aché in Ostparaguay.* (Aché- und Mbía-Indianer in Südamerika, 1; Roter Faden zur Ausstellung, 6) Frankfurt am Main, Museum für Völkerkunde 1983: S. 37–48. Im gleichen Buch finden sich auch Literaturangaben, die hier leider wegfallen müssen.

ich nach dem Grund dafür fragte, erhielt ich eine Antwort, die wohl nur einen Teil des Hintergrundes erhellt, vielleicht mehr für die Kinder und Weissen gedacht ist: Das Taucherhühnchen *(Heliornis furnica)* läuft ganz unbekümmert zwischen kleinen Wassertierchen herum – der fragliche Baum steckt ganz ähnlich seine Beine unbekümmert zwischen die Ameisen. Tatsächlich bietet diese Pflanze den Ameisen günstige Nistmöglichkeiten. Die Wassertierchen nun, die das Taucherhühnchen umgeben, werden von den Aché als eine Art «Ameisen» des Wassers klassifiziert. Diese Klassifikationen bilden ein eigenes System, das von unserer Botanik abweicht, indem es mehr auf Ähnlichkeiten des Verhaltens, auf Bewegungsformen, als auf Statisches hinweist.

Der Name «Bein des Taucherhühnchens» wird auch dem Araliengewächs *Didymopanax* beigelegt. Auch die Aché wissen allerdings, dass es nicht ganz genau der gleiche Baum ist, und nennen ihn daneben, zur Unterscheidung, auch «Bein der verehrten alten Frau». Das Taucherhühnchen wird nämlich auch als verehrte alte Frau angesprochen. Wir geraten hier in die feinen Unterscheidungen und Vergleiche der Höflichkeitsetikette. Nicht alle alten Frauen und nicht alle Taucherhühnchen sind «verehrte Alte», und nicht alle ähnlich aussehenden Bäume sind Beine der Verehrten, sondern nur solche, die ein bestimmtes aromatisches Öl liefern.

Vor ihrer Unterwerfung unter die Weissen trugen die Männer der Aché in der Unterlippe ein Holzstäbchen (Lippenpflock). In der phantastischen Welt der Verkleidungen, die den mystischen Wald gestalten, tragen auch Nicht-Menschen solchen an sich typisch menschlichen Schmuck. Die Pfefferpflanze heisst «Lippenpflock des Weissbart-Nabelschweins».

Eines der Haupttiere jener anderen Realitätsebene, auf der der Wald aus gigantischen Wesen zusammengesetzt erscheint, ist der Tapir. Sein Bein halten unsere Botaniker für den Orangenbaum. Die «Muskelmasse am Wanst des Tapirs» bezeichnen sie als das Knöterichgewächs *Ruprechtia* sp. Mit dem Zusatz des Aché-Wortes für «wahr, schön, eigentlich, jenseitsbezogen» ergibt sich die «Schöne Masse am Wanst des Tapirs»: ein Kirschmyrtenbaum, *Eugenia* sp., dessen Früchte die Aché essen.

Andere Pflanzen sind andere Erscheinungsformen eines Tieres, und Pflanze und Tier tragen dann den gleichen Namen. So heissen ein Kolibri und ein Baum (*Vitex* sp., ein Eisenkrautgewächs) gleich. Daneben gibt es noch einen weiteren Baum dieses Namens, aber mit einem Zusatz «pura», der hier wohl bedeutet, dass der Baum (*Pithecolobium* sp., ein Hülsenfruchtbaum) die eigentliche Urform, der andere Baum und der Kolibri hingegen nur Verkleidungen der Urform sind.

Dass der Baum ungleich grösser als der Kolibri ist, stört nicht, da es hier nicht auf die äussere Form, sondern auf die darunter verborgene wahre Natur ankommt. Würde man den Kolibri seines Federkleides berauben und etwas zaubern, so könnte dort, wo man eben noch den Vogel in der Hand hielt, plötzlich ein Baum emporschiessen. Doch ist kein Aché so töricht, diesem Vogel die Federn auszureissen, denn das wäre zu gefährlich, der Baum könnte den Menschen erschlagen. Zudem steht dieser Kolibri (wie eine ganze Reihe von Vögeln) unter dem besonderen Schutz des gefürchteten höheren Wesens namens Donner-Blitz.

Auch geht es hier nicht um einfache Zauberkunststückchen, sondern um den Hinweis auf eine Erkenntnis, die viele Völker gewonnen haben, und die nur der primitiven europäischen Auffassung zufolge erst das Kennzeichen der «Hochreligionen» und «Hochkultur»-Philosophien ist. Der Ethnologe Hans Findeisen wies schon 1956 in seiner Arbeit «Das Tier als Gott, Dämon und Ahne» (Stuttgart 1956) auf Gedanken sibirischer Jägervölker hin, die denen des Jägervolkes Aché in mancher Hinsicht ähneln: Bei beiden ist die äussere Erscheinungsform des Tieres nicht so wichtig wie das innere Wesen, das beispielsweise Mensch und Tier verbinden kann. Findeisen sah hierin «eine alles andere als ‹primitive› Naturphilosophie», denn hier werde «in dichterischer Gestaltung bereits ein Unterschied zwischen Wesen und Erscheinung gemacht. Man wird fast an indische, wohl auch an buddhistische spekulative Systeme gemahnt.»

So können bei den Aché Bäume in ihrem inneren Wesen den Bienen verwandt sein, wobei man einen Kreislauf anzunehmen scheint, bei dem diese (stets weiblich gedachten) Bäume eine Art Larve der Biene darstellen. Ein solcher Baum ist *Genipa americana*, den die Aché «Stark riechende Pflanze» nennen. Aus seinen Früchten gewinnen sie einen schwarzen Farbstoff. Da er aber nicht überall zu finden ist, behelfen sich die Aché oft mit einer Ersatzmischung aus Weichholzkohle, Bienenwachs und Harz, das man im Bau bestimmter Bienen findet. Eine dieser Bienen heisst wie der Baum «Stark riechende Pflanze». Wird ein Aché von der Grubenotter, *Bothrops jararaca*, gebissen, so streicht man das Wachs der Biene «Stark riechende Pflanze» auf die Wunde,

Aché-Jäger.

anschliessend bemalt man den Körper mit schwarzen Mustern möglichst aus dem Fruchtsaft des Baumes «Stark riechende Pflanze» – das sind Zusammenhänge, die in der Sichtweise der Aché auf einer Wesensgleichheit zwischen diesem Baum und jener Biene beruhen, letztlich wohl auch auf einer beiden gemeinsamen Wesens-Ungleichheit mit der Grubenotter. Deren Aché-Name, «Fortholen der Schwärze», steht vielleicht auch im Zusammenhang mit diesem Gegensatz zu dem Baum und zu der Biene, die schwarze Farbe liefern.

Überlebt ein Aché den Biss der Grubenotter, so sieht er das ein bisschen so, als sei er gestorben und wieder auferstanden. Er wird dann *paje* genannt, ein Name, den in verwandten indianischen Sprachen der Schamane trägt, der immer wieder in Trance «stirbt», um dann wieder aufzuerstehen, und der bisweilen auch, fast wie ein Toter, ins Jenseits fährt, um mit den Geistern zu sprechen. Die Aché haben keinen solchen Schamanen, aber sie haben das gleiche Wort, mit dem nicht gleiche, aber ähnliche Gedanken verbunden zu sein scheinen. *Paje* ist auch der Name des Baumes *Myrocarpus*, der mit Jenseitsreisen zu tun hat. Starb ein Aché, so verbrannte man früher Harz dieses Baumes, damit ein Teil der Totenseele im aromatischen Rauch leichter gen Himmel reise. Dieser Baum hat eine Seele, die nach dem Tod der Pflanze umherirrt und die Menschen zum Weinen bringt.

Neben der Wesensgleichheit bei äusserlicher Verschiedenheit kennt das Denken der Aché auch das Umgekehrte: scheinbare, äusserliche Gleichheit, hinter der sich Wesensverschiedenheit verbirgt. So etwas war oben schon in der Unterscheidung zwischen «Bein des Taucherhühnchens» (wobei letzteres Tier auch «verehrte Alte» genannt wird) und «Bein der verehrten Alten» als Namen zweier Pflanzen angedeutet: Nur die eine verdient wirklich die einigen Taucherhühnchen zustehende Verehrung. Die Pflanze «Paje-Frau, die einen Schlangenbiss überstanden hat, aber noch schwach ist» (*Pterogyne nitens*, ein Hülsenfrüchter) verkleidet sich bisweilen im Gewand, hinter der Larve eines anderen Baumes, des Lapacho *(Tabebuia ipé* bzw. *ochraceae)*, dessen rosarote bzw. gelbe Blütenpracht ein Wahrzeichen des paraguayischen Frühlings ist. Durch letzteren Baum fährt das höhere Wesen Donner-Blitz zur Erde und klettern umgekehrt Seelen zur Krone des Baumes «Wolkenloser Himmel». Die Aché reden diesen Baum mit «Meine Tochter» an, doch den Ehrentitel «Meine wahre Tochter» reservieren sie für den anderen, vorher genannten Baum, für die Frau, die einen Schlangenbiss überstanden hat, und die sich in Wirklichkeit hinter der äusseren Erscheinung des Baumes «Meine Tochter» verbirgt.

In diesem Verwirrspiel höflicher und noch höflicherer Anreden, von wahren und falschen Verkleidungen, von Ameisen, die Wassertierchen gleichgesetzt und von Pflanzen, deren Beziehung zu den Ameisen als identisch zur Beziehung anderer Pflanzen zu den Wassertierchen gesehen wird – in diesem Dschungel von Verkleidungen, Täuschungen und Verwandlungen glaubt der Europäer vielleicht ein Abbild des tropischen und subtropischen Waldes mit seinen Verwandlungen und flimmernden Täuschungen zu erkennen. Doch müssen wir vorsichtig sein mit solchen aus der europäischen Sicht der exotischen Landschaft erwachsenen Vergleichen. Für die Aché ist ihr Wald eigentlich gar kein Verwirrspiel, sie finden sich sehr wohl in ihm zurecht.

Wenn er trotzdem in der religiösen Auffassung und in der Poesie der Sprache zu einem Irrgarten wird, so müssen wir uns vor raschen Ableitungen aus «natürlichen» Vorgegebenheiten hüten. Ich glaube nicht, dass es der Dschungel ist, dessen Betrachtung notwendigerweise zu der verschlungenen Welt der Aché-Botanik geführt hat. Eher möchte ich meinen, dass Denker in allen Kulturen, seien es die sibirischen, die indischen, die indianischen oder auch die europäischen, zu einer Ahnung des fliessenden Charakters von Realität und Wahrnehmung gelangt sind, nur dass die Aché als Bewohner des Waldes eben diesen als Metapher und Bühne für ihre Erkenntnis genommen haben: Die Verwandlungsfähigkeit der Erscheinungen, die etwa sibirische Bärenjäger in dem Bild von dem Bären ausdrückten, der sein Fell auszieht und darunter als Mensch hervorkommt, beschreiben Aché mit Hilfe des Baumes, der zur Biene wird.

Da es sich hier um mehr als nur eine schlichte Beschreibung des Baumes handelt, halte ich es für möglich, dass das differenzierte indianische Denken sehr wohl das Ende der bisherigen, von Bäumen und Tieren ganz abhängigen jägerischen und sammlerischen Lebens- und Wirtschaftsweise überdauern könnte. Ob es auch den undifferenzierten europäischen Realismus übersteht, wird die Zukunft zeigen.

Es ist eine Machtfrage, die im Abholzen der Wälder der Aché einen, aber nicht den einzigen Ausdruck findet. Auch das Vorrücken der europäischen Naturwissenschaft, ja auch ihrer ökologisch behutsamen Zweige, ist ein Teil eines Sieges, der eine andere Kultur zu vernichten droht.

Luiz Boglár

Steinäxte und Identität – Anpassung und Selbstbehauptung bei den Guaraní

Capitán Bento:
«Mit Federkrone kann ich besser verkaufen».

Von 1979 bis 1985 hatte ich mehrmals Gelegenheit, in Guaraní-Indianersiedlungen Forschungsarbeiten durchzuführen. Im Dorf Prumirim da Boa Vista (Staat São Paulo) lebt eine aus verwandten Familien bestehende Gemeinschaft in zwölf Häusern unter Leitung eines Häuptlings mit *Manager*rolle.
In den Lichtungen der umliegenden Wälder haben die Familien Pflanzungen angelegt, wo verschiedene Knollenfrüchte, Mais und Obst angebaut werden. Nach dem äusseren Bild der Siedlung, der Form der Häuser, den Gegenständen des «Blechzeitalters» und dem Äusseren der Menschen könnte das auch eine moderne neobrasilianische Umwelt sein. Sobald man aber einige Stunden in der Siedlung verbracht hat, fallen die Unterschiede auf.
Die Guaraní haben nämlich – sich der zivilisierten Umwelt ausgezeichnet anpassend – eine eigene *Kultur mit zwei Gesichtern* entwickelt: Die «Tageskultur» wird durch die am Markt orientierte Produktion (Lebensmittel und Handwerkserzeugnisse) durch verschiedene Gelegenheitsarbeiten für die «Weissen» u.a. charakterisiert.
Daneben gibt es aber auch «abendlich-nächtliche» Aspekte, die gänzlich Guaraní sind: Sie werden durch einen religiösen Spezialisten, genauer den Schamanen *(Nhanderú)* gefördert, der die verschiedenen Heil- und Taufrituale leitet und durchführt.
Abends versammeln sich die Guaraní, um gemeinsam ihre alten «Gebete» *(porai)* in ihrer Muttersprache zu singen und ihre rituellen Tänze zu tanzen. Diese Tänze wurden 1912 von Nimuendajú an der brasilianischen Küste beobachtet und aufgezeichnet. 1981 und 1984 hatte dann auch ich Gelegenheit, diese Rituale in Prumirim mitzuerleben. Der dortige Schamane erklärte: «Wenn wir nicht singen und tanzen, dann sterben wir!» Egon Schaden (1974) hat zu Recht darauf hingewiesen, dass sich in der Religion vor allem Verteidigungsmechanismen und der Ausdruck von kulturellem Widerstand spiegeln. Es haben sich jedoch auch andere Verteidigungsmechanismen herausgebildet, die ich im Folgenden schildern möchte.
1984 fand in Prumirim eine Zusammenkunft der Guaraní aus neun Dörfern statt, bei der eine kollektive «Taufe» gefeiert wurde. Die Rituale dauerten vier Tage. Die Versammelten sangen und tanzten jeden Abend, bis in der Morgendämmerung der letzten Nacht mehrere Stammesmitglieder und auch Weisse «getauft», d.h. eingeweiht wurden.
Die Guaraní kamen aber auch tagsüber zusammen: Die Männer versammelten sich nachmittags im Wohnhaus des Prumirimer Häuptlings und erzählten reihum, wie sie in ihrem Dorf leben und welche Sorgen sie haben. Fast alle sprachen über die «weissen» Eroberer. Aufgrund dieser Nachmittagsdiskussionen beschlossen sie schliesslich, die fremden Eindringlinge gemeinsam zu vertreiben.
Die Menschen, die abends und nachts Gebete gesungen und «Tauf»tänze getanzt hatten, gingen am Tage mit Messer, Keulen, Hacken usw., portugiesische Worte schreiend, auf die Fremden los. Die mythische Atmosphäre der nächtlichen Riten gab der Gemeinschaft genügend Kraft, sich zu erheben. Ebenso schlug sich die Heftigkeit der Diskussionen am Tage in der Atmosphäre der nächtlichen Riten nieder.
In den mehrtägigen Ritualen *(mongarai)* spiegelt sich das heutige Wesen der Gua-

Rasseln werden in grossen Mengen angefertigt.

raní-Kultur wider. Die gemeinsamen Feiern von mehreren Dörfern und die Kontinuität der Riten fördert den religiösen Zusammenhalt. Gleichzeitig dienen die Tagesaktionen der Guaraní dem Stammesidentitätsbewusstsein und dem gesellschaftlich-politischen Zusammenhalt.
Nach Beendigung der Rituale kehrten die Indianer in ihre Siedlungen zurück. Wie konnte das gestärkte Identitätsbewusstsein einer nur handvoll grossen Menschengruppe – in der «Tagessphäre» – in Erscheinung treten, wo doch mit keiner gleich gewillten Mehrheit gerechnet werden konnte?
Das Alltagsleben der Siedlungsbewohner wird grundlegend dadurch bestimmt, dass sie nicht nur Lebensmittel, sondern auch Handwerkserzeugnisse auf den Markt liefern. Diese von den Indianern als *artesanato* bezeichnete Tätigkeit ist für sie besonders wichtig; viele betrachten sie als die sicherste Quelle ihres Lebensunterhalts.
Für die Touristen werden Handwerkserzeugnisse angefertigt, die von den örtlichen Händlern als typisch bezeichnet werden, beispielsweise Steinäxte, aus Holz geschnitzte Messer, Säbel, Pfeil und Bogen, Körbe, Feuerfächer, Rasseln und Halsketten. Ganz gleich, welche Guaraní-Siedlung wir besuchten, überall fanden wir beinahe identische Objekte vor: Man hatte den Eindruck, dass alle Gegenstände aus einer einzigen Werkstatt stammen. Wie kam diese Übereinstimmung der Formen zustande?
Die Guaraní haben bereits in den vierziger Jahren ähnliche Gegenstände angefertigt – vielleicht hatten sie Kaingang- oder andere Indianer mit Steinäxten gesehen? Oder haben sie sie in einer Ausstellung gesehen, etwa in dem kleinen Museum der Ubatubaer Präfektur, wo unter den archäologischen Funden verschiedene Indianer-Gegenstände wie Steinäxte, Urnen und Mörser ausgestellt sind?
Unter den für die Touristen angefertigten typischen Gegenständen hat die Steinaxt in verschiedener Hinsicht symbolischen Charakter: Es ist absolut sicher, dass die betreffenden Guaraní in diesem Jahrhun-

dert ein solches Werkzeug nicht benutzt haben – aber die Art und Weise, wie sie es auf dem Markt anbieten (z. B. fuchteln sie damit herum oder schlagen um sich, als sei es ein echtes Kampfmittel), weist darauf hin, dass die Indianer wissen, dass Steinäxte etwas Wildes, Uraltes bedeuten, was den Indianer besonders charakterisiert. Der mit einer Steinaxt herumfuchtelnde Verkäufer spielt die Rolle eines «kämpfenden» Indianers.

Händler und Kunden sind sich gleichermassen bewusst, dass diese von einem Indianer angefertigten Gegenstände zwar an etwas Altes erinnern, jedoch ganz neu und unbenutzt sind. Sie passen also gut in die Sammlung der *Erinnerungsstücke ohne Patina* einer zivilisierten Familie. Das bunte «typische» Ding erinnert zwar an den «wilden» Indianer, doch seine stumpfe Kante verkörpert den Frieden: die Gewissheit, dass sein Anfertiger zahm ist, *gezähmt* wurde …

Eine ähnliche Funktion erfüllen auch Pfeil und Bogen. Der Form nach ähneln sie zwar dem ursprünglichen Kampfmittel, doch ihre technische Ausführung reicht nicht über das Niveau eines Dekorationsstückes hinaus: Sie sind weder für den Kampf noch für die Jagd geeignet; manche Pfeile können sogar auseinandergeschraubt werden, damit die Touristen sie leichter transportieren können.

Handwerkserzeugnisse werden natürlich nicht nur für den Markt angefertigt. Die meisten Familien benutzen selbstgeflochtene Körbe. Die sind sofort zu erkennen, denn sie sind absolut ungeschmückt. Die Alltagskörbe sind unbemalt, ebenso werden die vom Schamanen benutzten Rasseln nicht geschmückt. Mit dem «Schmuck», das heisst mit dem fremden Zubehör, das für die ursprüngliche Funktion keine Rolle spielt, werden nur die profanen, die für den Verkauf bestimmten Gegenstände ergänzt. Der Guaraní schmückt ein Gerät z. B. mit lilagefärbten Federn und begründet das mit der Behauptung: «Der weisse Mann liebt es so …»

Eine ähnliche Anpassung an die Marktbedürfnisse konnte ich bei Besuchen bei

Vorraum eines Guaraní-Hauses: Pfeil und Bogen und Steinäxte werden für die Touristen zur Schau gestellt.

den Nambikuara in Mato Grosso (1959) sowie bei den Piaroa in Venezuela (1967) beobachten. Sie «fälschen» die für den Verkauf bestimmten Gegenstände bewusst: sie bemühten sich in keiner Weise um die Anwendung ursprünglichen Materials oder um die traditionelle technische Vollkommenheit. So stammt etwa die Kraft der aus Bambus gefertigten Messer der Nambikuara gerade aus der Vielfalt des Geflechtmusters am Griff: dadurch werden die Dämonen «irregeführt». Als weisse Händler diese Bambusmesser bei den Indianern sahen, bestellten sie «kleine Papierschneidemesser» und zwar in grossen Mengen. Die Indianer kamen der Bestellung nach. Sie schnitzten sie aber kleiner als das Original – und mit ein und demselben Flechtmuster. Auch die Piaroa unterschieden eindeutig zwischen den Tanzmasken und Federkronen für rituelle Zwecke und denen für den Verkauf. Der grösste Triumph der Profanierung bestand darin, dass auch Frauen Federkronen für Verkaufszwecke anfertigen durften – rituelle Geräte indes nie!

Diese Beispiele belegen einmal mehr: technische Vollkommenheit ist ein grundlegendes Kriterium des «guten», «schönen» Gegenstandes. Wenn ein Indianer also einen technisch unvollkommenen Gegenstand aus der Hand gibt, so erfolgt das seinerseits ganz bewusst, als Selbstschutz sozusagen.

Es zeigt sich hier eine meisterhafte Anpassung an die fremde Geschmackswelt, und zwar in einer Form, in der die ursprüngliche Wertordnung nicht angerührt oder beschädigt wird. Maria Ladeira (1984), die seit 1978 die Guaraní-Indianer im Staat Saõ Paulo beobachtet, stellte fest, dass die Handwerkertätigkeit gänzlich unter der Kontrolle der Guaraní steht, angefangen von der Beschaffung des Rohmaterials über die Verarbeitung bis zum direkten oder indirekten Verkauf – und in diesem System ist der «weisse Mann» nur ein Kunde. Auch wenn auf dem Gebiet der formellen Anforderungen im Interesse der Vermarktung manche Zugeständnisse gemacht werden – das System funktioniert als *Guaraní-System*.

Literatur

Luiz Boglár: «Diário Guaraní». *Artes Populares* 13: 16–40. Budapest 1985.

M. I. Ladeira und G. Azanha: Os Indios da Serra do Mar. A presenca Mbyá-Guaraní em Saõ Paulo. Saõ Paulo 1988.

Curt Nimuendaju: Die Sagen von der Erschaffung und Vernichtung der Welt als Grundlagen der Religion der Apapokuva-Guaraní. *Zeitschrift für Ethnologie* XLVI: 284–403. Berlin 1914.

Egon Schaden: Aspectos fundamentais da cultura guaraní. Saõ Paulo 1974.

Hans-Rudolf Wicker

Tekoha – Der «Ort des Seins» oder die Rekonstruktion einer indianischen Gemeinschaft im Nordosten Paraguays

Zum Gedenken an Cipriano Chamorro

Übergabe des Landtitels an den jungen Häuptling von Cerro Akãngue.

Begegnungen mit Pai-Führern

Cipriano Chamorro aus Cerro Akãngue war, als ich ihn 1975 kennenlernte, anders als die meisten der übrigen religiösen und politischen Führer der ungefähr 8000 in 28 verschiedenen Gemeinschaften lebenden Paĩ-Tavyterã. Der etwas ängstliche Santiago Mendoza aus Tavamboa'e zum Beispiel zeigte sich stets zuvorkommend, freundlich und mitteilsam. Gäste waren in seinem traditionell angelegten Langhaus immer willkommen. Sein Führungsstil innerhalb seiner 30 Familien umfassenden Gemeinschaft war nicht geprägt durch eine straffe Autorität, sondern durch die im *ñe'ẽ marangatu*, dem religiös fundierten, belehrenden Wort, beinhaltete Überzeugungskraft.

Leandro Morilla, *mburuvixa* (politischer Führer) in Tajy andererseits, leitete seine Gemeinde intelligent und dynamisch, manchmal hart. Seine politischen Aspirationen, die weit über die Gemeinde hinausreichten, waren allerdings nicht frei von Eigennutz. Dies zeigte sich etwa daran, dass er öfters Gemeindemitglieder unentgeltlich auf seinen Feldern arbeiten liess und sich innerhalb seiner Gruppe auch sonst als «Jungunternehmer» betätigte, der immer wieder zu seinem Nutzen Profite zu erwirtschaften wusste.

Rafael Valiente aus Itaguasu wiederum war die Bescheidenheit in Person. Als *mitãkutuha* (derjenige «der die Kinder sticht») wurde er in der ganzen Region des Aquidabanflusses immer wieder zu Jugendweihen eingeladen, um den Knaben am Ende der Initiationsriten die Unterlippe zu durchstechen und ihnen den kleinen Lippenpflock einzusetzen, der sie erst zu redeberechtigten und heiratsfähigen Männern macht. Rafael fasste das Leben im Sinn der wirklichen Paĩ-Tradition auf, nämlich als Übergang vom «Land ohne Übel» *(mara'ẽ'ỹ)*, woher die Seelen bei der Geburt kommen, zurück zum selben Ort, wohin sie nach dem Tod wieder gehen. Dementsprechend wenig Wert legte er auf Materielles. Seine Felder waren klein und bescheiden, seine Kleider sauber, aber zerschlissen, sein Hausrat ärmlich. Pa'i Gomez, der bekannte religiöse Führer aus der Kolonie Pirary zeigte, was die materielle Ausstattung seines Hauses betraf, ähnliche Züge wie Rafael Valiente. Humorvoll und verschmitzt wie er jedoch war, wurde jedes Gespräch mit ihm zu einem Erlebnis. Gomez liess es sich aber nicht nehmen, ab und zu Holz aus der 2400 ha grossen, waldreichen, phantastisch gelegenen und zudem rechtlich abgesicherten Kolonie zu verkaufen, um auf diese Weise sein ärmliches Weltendasein etwas angenehmer zu gestalten und sich neben anderen Dingen öfters auch einige Flaschen Rohrzuckerschnaps zu erstehen. Mendoza, Morilla, Valiente, Gomez und andere «líderes indígenas» verfügten 1975 schon über vermessenes und rechtlich abgesichertes, wenn auch noch nicht auf ihre Namen tituliertes Gemeindeland. Sie lebten in relativer Sicherheit. Nicht so jedoch Cipriano Chamorro.

Chamorro hatte damals einen schwierigen Stand. Seine Gemeinde Cerro Akãngue, benannt nach einem prägnanten, weithin sichtbaren Tafelberg, siedelte auf der linken Seite der Verbindungsstrasse von Cruze Bella Vista nach dem paraguayisch-brasilianischen Grenzort Bella Vista, in einem Mischgebiet von Wald und Savanne, das sich für die extensive Viehzucht besonders gut eignet. Schon um die Jahrhundertwende wurden deshalb grosse Flä-

Klein- und Grossviehzucht ergänzen heute den Brandrodungsfeldbau.

chen Fiskalland ohne Wissen der Indianer von Grossgrundbesitzern gekauft und genutzt. Mestizische Verwalter wurden ernannt, Administrationen aufgebaut, Land eingezäunt und Vieh eingeführt. Die Paĩ wichen aus und passten sich notgedrungen den neuen Verhältnissen an. Als billige Landarbeiter und Peones waren sie auf den Estancias gefragt, zum Teil wurden sie sogar von den Verwaltern an den Grenzen angesiedelt, um private Ländereien gegen heimliche Siedler zu schützen. Die *tekoha*, der Ort des Seins, innerhalb dessen das «Paĩ reko» (das Sein der Paĩ) gelebt wird, zerfiel. Zu Beginn der siebziger Jahre lebte Cipriano mit seiner Frau und zehn weiteren Paĩ-Familien auf dem knapp 2000 ha grossen Besitz eines Brasilianers. Weitere 15 Familien hatten sich schon vor Jahrzehnten etwa zehn Kilometer in eine Waldsenke zurückgezogen, wo sie, obwohl ebenfalls auf einer Estancia ansässig, vorderhand nicht gestört wurden. Eine weitere Gruppe war auf den schmalen Landstreifen ausgewichen, der die Strasse nach Bella Vista von den angrenzenden Estancias trennt. Dort legten sie lange, schmale Felder an, die sich wie Würmer entlang der staubigen Strasse hinzogen. Weitere Familien waren im Umkreis von ungefähr 30 Kilometern auf Grossgrundbesitzen zerstreut, provisorisch natürlich, denn irgendwelche Landrechte standen ihnen nicht zu. Nominell wurde Chamorro zwar nach wie vor von den Paĩ der ehemaligen *tekoha* als *mburuvixa*, als politischer Führer anerkannt. Die integrierende Kraft identitätsbildender Rituale innerhalb der Gemeinde war jedoch verschwunden. Das *avatikyry*, das grosse, auf die Monate Januar bis März angesetzte Maisfest, in dessen Ablauf der von Sonnenunter- bis Sonnenaufgang dauernde Schöpfungsgesang gesungen und getanzt wird, wurde schon lange nicht mehr zelebriert. Das letzte *mitã pepy* (Initiationsfest) lag fast ein halbes Jahrhundert zurück. Die Gemeinde Cerro Akãngue hatte keine *mborahei puku jara* (Besitzer der grossen Gesänge), keine *mitãkutuha* (diejenigen, die die Kinder stechen) und keine *mitãrexaha* (diejenigen, die die Kinder sehen – ihnen den Namen «entdekken») mehr. Der Mestizierungsprozess hatte eingesetzt.

Cipriano Chamorro hat über Jahrzehnte versucht, seiner Gemeinde eigenes Land zu verschaffen. Zu diesem Zweck ist er mehrmals nach Asunción gereist, um mit den weissen *mburuvixa* zu verhandeln. Ausser wertlosen, mit grossen Stempeln und militärischen Unterschriften versehenen Dokumenten und Spesen haben diese Reisen nichts gebracht. 1974 nahm er Kontakt mit dem «Proyecto Paĩ-Tavyterã» auf (s. unten), das schliesslich die Bewilligung zur Vermessung eines 300 ha grossen Stückes Fiskalland in der Gegend des Cerro Akãngue von den paraguayischen Behörden erhielt und diese Vermessung auch durchführte. Im Sommer 1975 übernahm ich die Koordination des Proyecto Paĩ-Tavyterã und begegnete in dieser Funktion erstmals Cipriano Chamorro im September desselben Jahres. Es war in Pedro Juan Caballero, dem Schmugglergrenzort im Nordosten Paraguays, der dem Projekt als Basis diente.

Cipriano war auf eine Art und Weise kalt und abweisend, wie ich es kaum jemals von einem Paĩ-*mburuvixa* erfahren habe. Er war erbost über die Weissen im allgemeinen, die Häuptlinge in Asunción und auch über das Projekt Paĩ-Tavyterã, und er zeigte dies auch. Unmissverständlich wies er mich darauf hin, dass er nicht bereit sei, die vollzogene Landvermessung zu akzeptieren, dass dieses Land ausserhalb des traditionellen *tekoha* Gebietes liege, dass keine einzige Paĩ-Familie dort je gelebt habe und dass auch keine dorthin ziehen würde. Er verlange endlich Land, und zwar das Land, auf dem er wohne. Er sei dort geboren und werde auch dort sterben. Eher lasse er sich vom brasilianischen Besitzer töten, als dass er sich vertreiben lasse. Cipriano Chamorro zeigte die für die ethnische Identitätsbildung so wichtige religiöse Überzeugung und Standfestigkeit eines Santiago Mendoza und eines Rafael Valiente und die politische Härte und Kompromisslosigkeit eines Leandro Morilla.

Die Landfrage der Paĩ-Tavyterã

Als die ersten Spanier 1538 den Paraná hinaufsegelten, das Dorf Lambaré eroberten und an dessen Stelle Asunción, die heutige Hauptstadt Paraguays gründeten, war das ganze Gebiet vom Paraguayfluss bis zur brasilianischen Küste mit Tupí-Guaraní-Stämmen besiedelt. Im Zuge der Unterwerfung, Missionierung und Mestizisierung im 16. und 17. Jahrhundert bildete sich in Ostparaguay die Guaraní spre-

Ogajekuta, das traditionelle Langhaus der Paĩ Tavyterã.

chende Mestizenpopulation heraus, die noch heute den ländlichen Charakter Paraguays bestimmt und bevölkerungsmässig die Mehrheit darstellt. Nur drei brandrodungsfeldbaubetreibende Guaranígruppen konnten sich als Ethnien erhalten, und dies auch nur, weil sie sich in die bis Ende des 19. Jahrhunderts schwach besiedelten subtropischen Urwälder im Norden und Osten Ostparaguays zurückzogen. Es sind dies die ungefähr 5000 Personen zählenden Avá-Guarani (Chiripa), die Mbyá-Apytere (7000) und die Paĩ-Tavyterã (8000) (Wicker 1982).

Ab 1880 kamen auch diese Gruppen zunehmend unter Druck. Riesige Staatsgebiete, auf denen Guaranígemeinden traditionellerweise lebten, wurden zunehmend als Latifundien an Privatbesitzer verkauft. Ungefähr ab 1950 wurden diese riesigen, nur extensiv genutzten Ländereien weiter in mittelgrosse Besitze aufgeteilt oder sogar parzelliert und an Dritte verkauft. Die intensivere Nutzung und Besiedlung dieser Ländereien und der Ausbau der Infrastruktur brachte die Guaraní immer stärker in Kontakt mit Landbesitzern, Campesinos und Peones – und damit auch in Konflikte. Bis 1972 gab es in Ostparaguay keine einzige indianische Gruppe, die auf eigenem Land lebte. Überhaupt wusste niemand, wie viele Indianer eigentlich existierten. Vertreibungen, Hunger, Tuberkulose und Masernepidemien bewirkten eine enorme Kindersterblichkeit. Ihre Existenz als ethnische Gruppe schien endgültig in Frage gestellt zu sein.

Getragen von zwei paraguayischen Institutionen, der Misión de Amistad und der Asociación Indigenista del Paraguay, konstituierte sich 1972 in Pedro Juan Caballero unter der Leitung des österreichischen Ethnologen Georg Grünberg das Projekt Paí-Tavyterã. Mitarbeiter des Teams erstellten erstmals eine Lokalisierung der Guaranígruppen in den Departementen Amambay, Concepción und dem nördlichen Teil Canindejús und einen Zensus der indianischen Bevölkerung in dieser Region sowie ein Landsicherungsprogramm für die georteten indianischen Gemeinden auf Basis der bestehenden Landreformgesetzgebung Paraguays. Zusätzlich wurde medizinische und landwirtschaftliche Hilfe bereitgestellt. Später kam ein Alphabetisierungsprogramm in Guaraní dazu.

Es ist an dieser Stelle nicht möglich, auf die äusserst komplexen juristischen, politischen und sozialen Aspekte der Landsicherung für Indianer in Paraguay einzugehen. Nur so viel sei erwähnt, dass es dem Projekt in einem ersten Schritt (1972–1975) gelungen ist, für sämtliche Guaranígemeinden, die noch auf Fiskalland lebten, mit Regierungsbewilligung Landvermessungen durchzuführen. Das der Landspekulation entzogene Land wurde darauf sukzessive durch Regierungsdekrete zu «Colonias Nacionales Indígenas» erklärt. In einem zweiten Schritt wurden ab 1975 über gerichtliche Prozesse die Landrechte derjenigen Gemeinden geltend gemacht, deren Lebensraum ohne ihr Wissen privatisiert worden war. «Cerro Akãngue» war der erste dieser geführten Landprozesse. Im Landkampf um die *tekoha* Cipriano Chamorros gewannen wir wichtige Erfahrungen hinsichtlich der sozialen, politischen und psychischen Implikationen einer mit Härte geführten Auseinandersetzung um indianisches Land.

Der Kampf um Cerro Akãngue

Nach der ersten Begegnung mit Cipriano suchte ich ihn einige Wochen später an seinem Wohnort auf, um mir ein besseres Bild von der allgemeinen Situation von Cerro Akãngue zu machen. Cipriano und seine Frau empfingen mich in ihrem einfachen Bambus-, Holz- und Strohhaus nicht mit der von mir erwarteten Kälte und Distanz, im Gegenteil, sie zeigten die für die Paĩ typische Gastfreundschaft. Cipriano informierte mich über seine Geschichte und diejenige seiner *tekoha*, führte mich am nächsten Tag in der näheren Umgebung herum, zeigte mir den eindrücklichen Cerro Akãngue, den «Totenkopf»-Tafelberg, der markant aus der Waldebene herausragt, liess mich die wenigen Guaranífamilien besuchen, die im engeren Umkreis wohnten, und machte mich auf das Haus der *kuñakarai poxy* aufmerksam. Die «böse Frau», wie sie von den Paĩ allgemein genannt wurde, war vom brasilianischen Landeigentümer als Verwalterin des 2000 ha umfassenden Besitzes eingesetzt worden – die einzige «Mayordoma», die ich in Paraguay je getroffen habe. Am Abend in der Hängematte liegend, erzählte mir Cipriano lokale Mythen, Klatsch und alle die Gründe, die es ihm und sei-

nen Leuten verunmöglichten, in das für sie vermessene Stück Fiskalland zu ziehen.
Nach Absprache mit unserer Anwältin und unserem paraguayischen Spezialisten für Landfragen – beide in der Hauptstadt stationiert – einigten wir uns im Projekt Paĩ-Tavyterã darauf, den Landabsicherungsversuch nach den Vorstellungen Chamorros in Angriff zu nehmen, d. h. den Landrechten der Paĩ auf den gesamten Besitz des Brasilianers trotz den widrigen und komplexen Umständen Geltung zu verschaffen. Nach paraguayischem Recht war dies damals ein fragliches Unterfangen, denn auf dem von *kuñakarai poxy* verwalteten Land lebten nur noch 10 Familien. Diese hatten nach der Landreformgesetzgebung höchstens Anrecht auf 200 ha (20 ha pro Familie), und dies auch nur, wenn nachgewiesen werden konnte, dass sie das Land 20 Jahre ohne Unterbrechung bewirtschaftet hatten. Alle diejenigen Familien, die – ob freiwillig oder unter Druck – weggezogen waren, hatten ihren Anspruch verloren, respektive mussten ihn gegenüber ihren jeweiligen Landbesitzern geltend machen, was wiederum nur möglich war, wenn sie schon länger als 20 Jahre am neuen Ort siedelten. Was nach den «leyes de la reforma agraria», der Landreformgesetzgebung, zählte, war einzig die «occupación de hecho», die tatsächliche Sesshaftigkeit und Landnutzung, und nicht eine ursprüngliche, vielleicht Jahrzehnte zurückliegende, aber nicht mehr existierende Besiedlung. Die willkürliche Landprivatisierung durch den Staat hatte das traditionelle indianische Siedlungsgebiet im Laufe der Jahrzehnte zerstückelt, die *tekoha* endgültig zerstört. Über das geltende Recht konnte das verlorene Land als Gesamtheit nicht mehr eingefordert werden. Trotzdem sollte das Unmögliche versucht werden, schliesslich zählte für Cipriano nicht eine für ihn unbekannte Gesetzgebung, sondern einzig und allein das Recht auf ursprünglich von ihm und seiner Gemeinde besessenes Land, das gegen ihren Willen vom Staat der Weissen an Weisse verkauft worden war.
In einer ersten Phase musste vor Ort abgeklärt werden, ob eine sichtbare Mehrheit der über fünfzig Familien überhaupt die Rekonstruktion ihrer *tekoha* wünschten, d. h. bereit waren, erstens in das von Chamorro vorgesehene Stück Land umzusiedeln, zweitens den Kampf um eigenes Siedlungsland aktiv zu unterstützen und drittens eventuelle gewalttätige Reaktionen seitens des Grossgrundbesitzers, die im Verlaufe der Auseinandersetzungen zu erwarten waren, in Kauf zu nehmen.
Begleitet und unterstützt von Cipriano und seinen Gehilfen dauerte diese vorläufige Bestandsaufnahme eine Woche. Zu Fuss und zu Pferd wurde Gruppe um Gruppe, Familie um Familie besucht, diskutiert, erklärt, *kangui* (Chicha) und Mate getrunken, Meinungen erhoben und Skizzen angelegt. Die Schlussauswertung zeigte ein klares Bild: Chamorro war der dünne Faden, an dem die *tekoha* wenigstens ideell noch hing. Ausnahmslos waren die Paĩ hochmotiviert, seine Idee der Landabsicherung zu unterstützen und mitzutragen.
Nach weiteren Besuchen in Cerro Akãngue und vorbereitenden juristischen Tätigkeiten in Asunción delegierte das «Instituto de Bienestar Rural» (IBR), das zuständige Ministerium für Landfragen, auf unseren Antrag eine Kommission nach Cerro Akãngue, um eine Bestandsaufnahme der indianischen Besiedlung (Zensus, Siedlungsdauer etc.) durchzuführen.

Maisbier spielt nach wie vor eine grosse Rolle bei Festlichkeiten der Indianer.

Mit dem daraus resultierenden Dokument wurde erstmals die indianische Besiedlung auf dem Land des Brasilianers offiziell bestätigt und damit die Voraussetzung zur Geltungsmachung des rechtlichen Anspruchs auf das Land gelegt. Das IBR musste damit erstens den Schutz der Paĩ-Siedlung wenigstens formell garantieren, zweitens in Kontakt mit dem Grundbesitzer treten, um Lösungsmöglichkeiten zu diskutieren.

Die Aktivitäten rund um die versuchte Landsicherung konnten natürlich vor *kuñakarai poxy*, respektive ihrem Patron, nicht verborgen bleiben, und wie erwartet reagierten sie. Mit dem Ziel, die Bewegung zu unterbinden und das Problem der faulen, störenden *avá* (Indios) ein für allemal aus der Welt zu schaffen, initiierten sie eine Reihe subtiler Störmanöver gegen die Paĩ. Drohungen wie «*rojukata umi avá ky'a* – wir werden die dreckigen Indios töten» machten in Form von Klatsch die Runde und führten zu einem offen feindlichen Klima, das das Alltagsleben der Paĩ schwer belastete. Als nächstes liess die Patronin ihr Vieh nächtlicherweise frei weiden, was innerhalb kurzer Zeit zur vollständigen Zerstörung der Felder der Indianer führte und diese zwang, ausserhalb um Taglohnarbeit nachzusuchen, um überhaupt noch überleben zu können. Als dieser Terror immer noch nicht genügte, um die Familien zur Umsiedlung zu zwingen, griff sie zu einem weiteren effizienten Hilfsmittel: Ohne Vorwarnung brannte sie die offene Savanne ab und vernichtete auf einen Schlag die meisten Paĩ-Häuser innerhalb ihres verwalteten Besitzes. Damit erreichte sie endgültig die Vertreibung der Indianer, die den Schluss ziehen mussten, dass wir nicht in der Lage wären, sie vor den Angriffen zu schützen, und deshalb den Landkampf als verloren betrachteten. Nur Cipriano Chamorro und seine Frau blieben fest und liessen sich nicht einschüchtern. Die beiden waren bereit, sich töten zu lassen, und blieben als einzige indianische Siedler auf dem Besitz.

Mit dem unverhältnismässigen Angriff gab nun *kuñakarai poxy* dem Prozess um das Land einen Richtungswechsel, den weder sie noch der Landbesitzer vorausgesehen hatten. In der Presse wurde über die niedergebrannten Häuser berichtet, von unserer Seite her wurde Anzeige erstattet, und das IBR als erstinstanzliche Gerichtseinheit für Landfragen, das den Schutz der Indianersiedlung ja schon garantiert hatte, musste wohl oder übel eingreifen. Dem Brasilianer wurde im IBR klargemacht, dass die Rückansiedlung der Paĩ gegen seinen Willen durchgeführt werde, dass er für den Wiederaufbau der Siedlung aufzukommen habe und dass ein Teil des Besitzes seinem Nutzungsrecht entzogen und ausgegrenzt werde, damit die Paĩ in Ruhe leben können – oder aber, er biete Hand zu einer friedlichen Lösung. Im Tausch gegen seinen Besitz offerierte ihm das IBR ein anderes Stück unbesiedeltes Staatsland an. Da der Besitzer befürchtete, im Konflikt mit den Indianern verstrickt zu bleiben und darüber hinaus Teile seines Landes wirtschaftlich nicht nutzen zu können, akzeptierte er nach langem Hin und Her den Landtausch. Nach zwei Jahren harter Auseinandersetzung konnten damit die ganzen 2000 ha neu vermessen und zur «Colonia Nacional Indígena» deklariert werden. *Kuñakarai poxy* musste mit ihrem Mann den Ort verlassen, und mit Hilfe des Projektes siedelten im Laufe weniger Monate über vierzig Familien in die neu entstandene Indianerkolonie.

Nur Cipriano Chamorro erlebte die endgültige Lösung nicht mehr. Er war an Tuberkulose erkrankt. Paĩ wie er war, weigerte er sich hartnäckig, sich einer Behandlung zu unterziehen. Einmal konnten wir ihn zwar dazu bewegen, die von uns betriebene TB-Erholungsstation in Tajy aufzusuchen und sich medizinisch behandeln zu lassen. Nach wenigen Tagen brach er die Behandlung jedoch ab und kehrte nachts zu Fuss nach Cerro Akãngue zurück. Alle weiteren Versuche, ihn zu einer Behandlung zu überreden, scheiterten. Im Jahr 1978, eine Woche bevor wir den neuen Vermessungsplan und die rechtsgültigen Papiere nach Cerro Akãngue bringen konnten, wurde uns mitgeteilt, dass er verschieden sei. Ohne ihn gäbe es die Kolonie Cerro Akãngue nicht.

Der neu erstellte Korall in Cerro Akãngue, der dazu dient, die rund 120 Kühe der Kolonie zu impfen.

Die heutige Situation der Paĩ-Tavyterã

Trotz immensen Schwierigkeiten, Rückschlägen und Verzögerungen ist es dem Projekt Paĩ-Tavyterã gelungen, nach und nach die Landsicherung für die Guaranígruppen der nördlichen Region Ostparaguays voranzutreiben. Es folgten die Absicherungen für Pysyry, Sapukai, Itajeguaka, Pirity, Yetepoty, Takuarita, Azotey und weiterer *tekoha*. Bis 1981 waren gesamthaft 28 Indianerkolonien mit einer Gesamtfläche von über 40 000 ha vermessen und rechtlich abgesichert, über 90 % der Paĩ-Tavyterã leben seit dieser Zeit in eigenem Land.

Nach der definitiven Landsicherung erlebte Cerro Akãngue einen rasanten Aufschwung. Die von privaten Estancias übergesiedelten Paĩ-Familien ergriffen innerhalb kurzer Zeit Besitz vom Land, legten Maniok- und Maisfelder an, pflanzten zusätzlich Bohnen, Trockenreis, Kürbisse und anderes mehr an, zogen Bananenstauden und Zitrusbäume, legten mit Hühnern und Schweinen den Grundstock für die Kleinviehzucht und machten 1980 sogar erste Versuche mit Rinderhaltung. Wenigstens das Nahrungsproblem konnte somit beigelegt werden, teilweise wurde sogar mit der Kommerzialisierung von Agrarprodukten begonnen. Kurz, Cerro Akãngue wurde zu einer von den Indianern selbst verwalteten Musterkolonie, ohne dass von aussen erwähnenswerte materielle Hilfe eingeflossen wäre. Die Neusiedler wählten nach dem Tod von Cipriano Chamorro einen jungen, dynamischen *mburuvixa*, der bis heute eine ausgezeichnete Integrationspolitik betreibt, insbesondere auch den traditionellen Ritualen wieder mehr Bedeutung gibt. 1987 wurde nach einem halben Jahrhundert erstmals wieder ein Ritenhaus in Gemeinschaftsarbeit gebaut und im Februar 1988 das erste *mitã pepy*, das Initiationsfest für Knaben, durchgeführt. Wenn die Paĩ dieser Kolonie auch heute nach unseren Begriffen noch arm sind – in etwa den ökonomischen Stand der mestizischen Landbevölkerung erreicht haben –, kann von einer gelungenen sozialen und ökonomischen Reintegration der Gemeinde gesprochen werden.

In den übrigen Kolonien der Paĩ ist der Wiederaufbau der Gemeinden ähnlich verlaufen, manchmal etwas langsamer, manchmal auch mit mehr Konflikten – etwa wenn Führungsprobleme manifest blieben (Wicker 1988). Im Durchschnitt benötigten die Kolonien nach der Landabsicherung ein Jahr, um sich eine gute Subsistenzbasis zu schaffen. Mit der besseren Ernährung ging meistens eine starke Reduktion der Taglohnarbeit ausserhalb der Kolonien einher. Die Kindersterblichkeit konnte auf den Durchschnitt der paraguayischen Landbevölkerung gesenkt werden. Mit aller Deutlichkeit bewahrheitete sich, dass die Landfrage Schlüsselpunkt zur Lösung des «Indianerproblems» ist.
1976 entstand in Coronel Oviedo mit dem «Proyecto Guárani» ein Schwesternprojekt zum «Proyecto Paĩ-Tavyterã», das unter den Avá-Guaraní- und Mbyá-Apytere-Gruppen im mittleren und südlichen Teil Ostparaguays dieselben Landprobleme anging wie wir im nördlichen Teil. Auf diese Weise entstanden in Ostparaguay gesamthaft über 50 Indianerkolonien. Am wenigsten fortgeschritten ist die Landabsicherung heute noch bei den Mbyá. Nach meinen Schätzungen leben erst ungefähr 40 % der ungefähr 7000 Mbyá auf eigenem Land, während es bei den Avá-Guaraní zwischen 80 % und 90 % sein dürften.
Ein Problem blieb allerdings trotz der breiten, erfolgreichen Landabsicherung bestehen: Eigentumsrechtlich gehört das Land nach wie vor nicht den Indianern. Einmal vollzogene Landvermessungen wurden zwar durch Regierungsdekret des IBR zu «Colonias Nacionales Indígenas» erklärt. Wurde die Vermessung aber auf Fiskalland realisiert, blieb das Land weiterhin in Staatsbesitz. Wurde die Kolonie auf ehemaligem Privatbesitz etabliert, wie im Falle von Cerro Akãngue, konnten die Landtitel nicht auf die Namen der Indianer, sondern mussten auf stellvertretende Institutionen überschrieben werden. Öfters war dies die Asociación Indigenista del Paraguay. Grund für diese unbefriedigende Zwischenlösung war, dass die Indianer eine Landparzellierung nicht wollten, die eine Übertragung der Parzellen auf einzelne Familien ermöglicht hätte. Sie beharrten auf kommunalem Gemeinschaftsbesitz, wie er für Brandrodungs-

feldbauern üblich ist. Für kommunalrechtlichen Besitz in dieser Form gab es jedoch in Paraguay keine Rechtsgrundlage.
Mit diesem Problem in der Frühphase der Landabsicherung konfrontiert, begannen wir schon 1978 innerhalb der Asociación Indigenista mit der Ausarbeitung eines auf die Indianer zugeschnittenen Landgesetzes. Zentraler Punkt des neuen Statutes musste sein, dass der Staat die legale Existenz der Indianergemeinschaften anerkennt und ihnen auf Antrag die Rechtspersönlichkeit zugesteht. Mit der Übertragung der Rechtspersönlichkeit werden die Gemeinschaften in die Lage versetzt, die Landtitel einzufordern und zu übernehmen.
Mit der Verabschiedung des Gesetzes N° 904 (Estatuto de las Communidades Indígenas) im Jahre 1982 wurde dieser Forderung endlich entsprochen. In für Lateinamerika einmaliger Weise – höchstens vergleichbar mit dem Ejido-System Mexikos – wurde damit für die Indianer eine Rechtsgrundlage geschaffen, die mit ihrem ökonomischen und sozialen Habitus vereinbar ist und die sie rechtlich in die Lage versetzt, traditionell besiedeltes Land beanspruchen zu können.
Allerdings dauerte es noch einige Zeit, bis die Titelübertragungen zustande kamen. Der Staat wurde nicht aktiv – so gross war sein Interesse an den Indianern nicht –, und die Indianer selbst hatten weder das Wissen noch die Möglichkeit, das neue Gesetz wirksam werden zu lassen. Erst die Hilfe des 1985 entstandenen Projektes «Servicios Profesionales Socio-Anthropológicos y Jurídicos», in dem Balbino Vargas – der aktivste paraguayische «Indigenista» in Sachen Landfragen – arbeitet, brachte die Dinge voran. So konnte zuerst zögernd, später – mit zunehmender Institutionalisierung – immer schneller, Gemeinschaft um Gemeinschaft behandelt werden. Der rechtliche Modus implizierte folgende Schritte: 1. Staatliche Anerkennung der indianischen Führer, 2. Übertragung der Rechtspersönlichkeit auf die Gemeinschaft, 3. Landtitelübertragung in Form von Kommunaleigentum. Am 31. Juli 1985 konnte der erste kommunale Landtitel in der Geschichte Paraguays an die Kolonie Fortuna (1492 ha) übergeben werden. Es folgten im selben Jahr Titel für Itanarãmi, Fortuna'i, im nächsten Jahr solche für Mboijagua, Akaraymi, Paso Cadena, Y'apy (bisher alles Avá-Guaraní) und M. Montanía (die erste Mbyá-Kolonie). Bis 1988 waren praktisch alle Landtitel der Avá-Guaraní übergeben. 1987 begann das Projekt auch unter den Paĩ-Tavyterã im Norden zu wirken. Pypuku war die erste Paĩ-Kolonie, die am 9. Februar 1987 ihr Land definitiv überschrieben bekam. Es folgten Itaju, Itaguasu, Itajeguaka, Yvytyrovi, Jakaira, Panambiy und am 20. Mai 1989 endlich auch Cerro Akãngue. Ungefähr 20 Paĩ-Kolonien dürften es sein, die bis zum heutigen Tage rechtmässige Eigentümer ihres Landes geworden sind, und es ist vorauszusehen, dass bis Ende 1992 sämtliche vermessenen Ländereien – wenigstens was die Avá-Guaraní und die Paĩ-Tavyterã betrifft – an die Indianer zurückgegeben werden.

Es ist fraglos erfreulich, dass in Paraguay wenigstens im Ansatz das zu gelingen scheint, was in anderen lateinamerikanischen Ländern nicht möglich ist, nämlich die Anerkennung von Landrechten indianischer Gruppen nach einer Jahrhunderte dauernden Leidenszeit, mit allen Konsequenzen, die daraus entstehen. Es ist dies um so erfreulicher, als sich zeigt, dass eine engagierte Ethnologie in einem solchen Kampf massgebend beteiligt sein kann. Sicher muss die Frage gestellt werden, weshalb gerade in Paraguay, einem traditionell vom Militär verwalteten und korrumpierten Land, solche Lösungen durchgedrückt werden können und nicht in anderen, mehr demokratisch regierten Staaten wie Brasilien und Argentinien, Ländern, in denen indianische Gruppen meist überhaupt keinen Zugang zu Landbesitz haben – es sei denn unter dem Patronat von staatlichen oder missionarischen Institutionen oder aber als einzelne «nationalisierte» Individuen. Fragen von solcher politischer Tragweite müssten allerdings in einem grösseren Rahmen diskutiert werden. Es bleibt die Feststellung, dass der Kampf um indianisches Land weiterzugehen hat, und das sowohl in Paraguay als auch in anderen Ländern Südamerikas.

Literatur

H.-R. Wicker: Mbyá, Paĩ-Tavyterã und Chiripá in Ostparaguay. Jahrbuch des Bernischen Historischen Museums, 61. u. 62. Jahrgang, 1981/1982, S. 99–208.

H.-R. Wicker: Subsistenzorientierte Entwicklung am Beispiel der Paĩ-Tavyterã in Ostparaguay. Ethnologica Helvetica, Bd. 12, 1988, S. 157–184.

Pierrette Birraux-Ziegler

Der Amazonaswald: zuallererst Indianerland

Iharobitheri.

Der Schutz des amazonischen Waldgebiets und die Anerkennung der indianischen Landrechte

Fünf Jahrhunderte nach der Ankunft der ersten Europäer in Südamerika sind 95% des brasilianischen Küstenwaldes zerstört, und die Nachkommen der *Tupí* und anderer *Guaraní* müssen täglich ums Überleben kämpfen. Nun versuchen westliche Wissenschaftler und Umweltschützer zu verhindern, dass Amazonien dasselbe Schicksal erleidet.

Die Tatsache, dass allein im letzten Jahrzehnt die Brandzerstörungen der grössten Waldfläche unseres Planeten exponential zugenommen haben, bewegte die Spezialisten, und nach ihnen die Medien, dazu, Alarm zu schlagen.

Die Waldbrände verstärken in grossem Ausmass den Treibhauseffekt, der seinerseits gravierende Klimaveränderungen hervorrufen kann. Dazu kommt, dass ein enormes Potential an biologischer Vielfalt und an Rohstoffen für immer verschwindet. Es wurde daher mit schwerem Geschütz aufgefahren, um die Öffentlichkeit und damit Verantwortliche in Politik und Wirtschaft aufzurütteln. Eine solche Publizität hat unweigerlich Informationsverzerrungen zur Folge, die von seiten der Wissenschaftler korrigiert werden müssen. Zum einen wird «vergessen», dass die Industrieländer – nämlich Nordamerika und Europa – die Hauptproduzenten der Gase sind, welche den Treibhauseffekt überhaupt erst hervorrufen.

In den USA und in Kanada wird pro Einwohner fünfeinhalbmal mehr Kohlendioxid in die Atmosphäre abgegeben als in Südamerika, in Europa dreieinhalbmal mehr.

Zweitens beruhen die Konzepte für den Schutz Amazoniens auf einem westlichen Naturverständnis und nehmen wenig Rücksicht auf die Kulturen der einheimischen Völker, welche den Wald seit Jahrhunderten und Jahrtausenden bewohnen. Eine solche Haltung ist ihrem Wesen nach falsch, denn die indianischen Gesellschaften haben sich eine Kenntnis ihrer Umgebung angeeignet, deren Ausmass die Wissenschaftler erst zu entdecken beginnen. Daraus folgt, dass die Massnahmen, die von einem westlichen Verständnis ausgehen, ungerecht, ja sogar absurd sind, weil sie darauf abzielen, den Einheimischen gerade diejenigen Ressourcen vorzuenthalten, die diese bis heute zu erneuern wussten. Darüber hinaus sind diese Massnahmen mittel- und langfristig gesehen nicht durchführbar: es würde ganze Truppen von Förstern brauchen, um Ökosysteme zu «schützen», die der lokalen Bevölkerung enteignet wurden.

Es gibt tatsächlich solche Konzepte, die aus der Ignoranz der industrialisierten Gesellschaften und ihrer südamerikanischen Vertreter gegenüber den ersten Bewohnern des Kontinents entstanden sind. Diese Ignoranz grassiert v. a. in militärischen, industriellen und technokratischen Kreisen, sie ist aber auch bei konservativen Umweltschützern zu finden, die vielfach bei den entscheidenden Schlüsselstellen am ehesten Gehör finden.
Wie viele Nationalparks und andere Naturreservate sind nicht auf diese Art entstanden, im venezolanischen, peruanischen, kolumbianischen und brasilianischen Amazonasgebiet, auf den ureigenen Territorien der Indianer, ohne dass diese vorher konsultiert worden wären?
Nur ein Beispiel: 1979 entstand ganz im Norden Brasiliens der Nationalpark *Pico da Neblina* im eigentlichen Yanomamigebiet. Bei den Untersuchungen dieses Nationalparks findet sich ein ausführliches Inventar der Fauna und Flora. Über die menschliche Besiedlung heisst es jedoch lapidar: «Der begrenzte Raum ist nicht bewohnt. Man findet dort nur die salesianische Mission von *Maturaca*» (sic).
Mit keinem Wort werden die Yanomami erwähnt, das grösste einheimische Volk Südamerikas, dem es gelungen ist, seine traditionelle Lebensart und seinen Wald zu erhalten.
Eine dritte Verzerrung der Tatsachen in der Öffentlichkeit besteht darin, die Interessen der südamerikanischen Nationalstaaten mit denjenigen der einheimischen Völker zu verwechseln. Erinnern wir uns: diese Staaten wurden auf Kosten der ersten Einwohner des Kontinents gegründet, haben sich dann vergrössert und ihre territoriale Basis geschaffen.
In Brasilien gibt es ein Gesetz, nach dem jede Person, welche ein «unbewohntes» Landstück ein Jahr lang «aufwertet», dieses Land zur Nutzung zugesprochen bekommt; dieses Gesetz ist der eigentliche Antrieb zur Bodenkolonisierung. Nach einigen Jahren kann man so Eigentümer eines Landstückes werden. In der Praxis bedeutet aber «Aufwertung» erst einmal Rodung des Waldes, und ein «unbewohntes» Landstück kann sehr wohl das Jagd- und Sammelgebiet einer indianischen Gesellschaft sein. Befindet sich auf dem Gelände das eigentliche Dorf mit seinen Anpflanzungen, kann der Siedler soweit gehen, diese zu zerstören, um zu beweisen, dass die Erde brachliegt. Seinerseits riskiert er dann allerdings, dasselbe Schicksal zu erleiden und die Erträge seiner Arbeit an einen Mächtigeren zu verlieren, worauf ihm nichts anderes übrigbleibt, als anderswo von vorne zu beginnen.
Eine solche jahrhundertealte Gepflogenheit zeigt, wie eng die Zerstörung des Waldes mit der Vernichtung derjenigen einhergeht, die ihn bewohnen.
Das Gesetz wird heute noch angewendet, und man kann oft hören, die indianischen Völker seien ein «Hindernis für die Weiterentwicklung des Landes» oder «Bedrohungen für die Staatssicherheit». Damit wird ihre Vernichtung «gerechtfertigt».
Auf diese moderne Art der Kolonisierung haben die Indianer als erste reagiert. Um zu überleben, sahen sie sich gezwungen, ethnische, später inter-ethnische Gemeinschaften zu organisieren.
Alle diese Gemeinschaften sagen ausnahmslos, dass ihre Völker von ihrem Boden nicht zu trennen sind. Gerade weil sie sich als Teil der Natur und nicht als über ihr stehend verstehen, ist es ihnen gelungen, von ihr zu leben, ohne sie zu zerstö-

ren, und dabei trotzdem ihre ganze Bevölkerung davon zu ernähren.
Die indianischen Gruppen weisen darauf hin, dass es zur Erhaltung der Erde nicht reicht, Parks und Reservate zu schaffen, die von der nächsten Regierung rückgängig gemacht werden können. Es müsste in erster Linie darum gehen, die Existenz der Menschen in diesem Wald, der angeblich geschützt werden soll, anzuerkennen. Anzuerkennen, dass sie Anspruch auf das Land haben, weil sie gezeigt haben, dass sie es zu erhalten wissen. Anzuerkennen also, dass sie über Entwicklungs- und Schutzpolitik des Waldes mitzuentscheiden haben.
Entwicklung und Umweltschutz – für uns im Westen sind das zwei einander ausschliessende Begriffe, die sich jedoch für die Indianer, unter gewissen Bedingungen, durchaus vereinbaren lassen.
1989 wurde von den Indianern der Dialog mit den Umweltschützern aufgenommen. Die COICA, ein Zusammenschluss zur Koordinierung der Urbewohner-Organisationen im Amazonasbecken, der 1,2 Millionen Menschen aus 327 verschiedenen Völkern in 7 Ländern vertritt, hat ein Bündnis mit den wichtigsten ökologischen Organisationen initiiert. Dieses Bündnis baut auf der grundsätzlichen Anerkennung der Rolle auf, die die Indianer als Hüter des Waldes spielen. Daraus folgt unter anderem die Forderung, dass Entwicklungs- und Naturschutzprogramme, wie zum Beispiel der Tausch «Schulden gegen Natur», in erster Linie dazu dienen müssen, den ursprünglichen Bewohnern des grössten Tropenwaldes der Welt ihr Land zurückzugeben.
Daneben gibt es auch Umweltschützer, die auf Grundlage ihrer evolutionistischen Konzeptionen die Menschen ganz unabhängig von ihrer jeweiligen Kultur als Räuber ansehen. Nach bitteren Misserfolgen müssen die Vertreter der Bodenbewirtschaftung einsehen, dass ein Nationalpark nicht ohne die Beteiligung der Lokalbevölkerung erhalten werden kann. Den Anthropologen und Ethnologen ihrerseits wird je länger je mehr bewusst, dass der Raum, das Territorium, in der indianischen Gesellschaft eine strukturbildende Rolle spielen kann, sei es im Hinblick auf die sozialen Beziehungen innerhalb der Gemeinschaft oder die politischen zwischen den Gemeinschaften, sei es im Hinblick auf die kollektive Erinnerung oder die Sprache.
Konkret setzte sich in Venezuela die Idee durch, dass die einheimische Bevölkerung gleichzeitig Hüter der eigenen Gebiete und Hüter der nationalen Grenzen sein könnte. In der Folge wurde 1991 ein Naturschutzgebiet geschaffen, das zwei Drittel des Yanomami-Territoriums umfasst, allerdings das von den Sanemá, einer der vier Untergruppen des Volkes, bewohnte Gebiet ausschliesst.
In Brasilien erliess die Regierung im November nach einer 13 Jahre dauernden, auf nationaler und internationaler Ebene geführten Kampagne ein Dekret zur Schaffung eines Yanomami-Reservats. Die Massnahme soll die freie und ausschliessliche Nutzung des Gebietes und seiner Ressourcen durch die Indianer gewährleisten.
Die beiden Massnahmen zeigen, dass sich ökologische Zielsetzungen durchaus mit den Zielen der Indianer-Organisationen vereinbaren lassen. Sie bleiben aber hinter den COICA-Positionen zurück, insofern sie den Indianern keinen Gemeinschaftsbesitz an ihrem Land zubilligen.
Um verständlich zu machen, wieso grosse

Rückkehr von der Jagd, Sierra Parima, Venezuela.

Teile des Waldes an seine ursprünglichen Besitzer zurückgegeben werden müssten, möchte ich am Beispiel der Yanomami kurz einige Aspekte ihrer Beziehung zum eigenen Boden und ihrer Vorstellungen davon zeigen.

Die Bedeutung der Mobilität der Yanomami für die Erhaltung des Ökosystems

Etwa 22000 Yanomami leben im Süden Venezuelas und im nördlichsten Teil Brasiliens in einem Gebiet von ca. 190000 km^2, zwischen dem Oberlauf des Orinoco und dem Quellgebiet der linken Hauptzuflüsse des Amazonas, des Rio Negro und des Rio Branco.

Die insgesamt etwa 370 Dörfer bestehen aus Gemeinschaftshäusern mit 30 bis 400 Bewohnern, je nachdem, ob sie im Norden-Nord/Osten oder Süden-Süd/Westen ihres Territoriums liegen. Die Yanomami leben in sehr unterschiedlichen Naturräumen, die aber alle zum «Guyanaschild» gehören.

Eine Reihe von Bergketten, deren durchschnittliche Höhe zwischen 1000 und 1200 Meter liegen, bilden das Hauptwohngebiet der Yanomami. Eine dieser

Hochebenen, die Sierra Parima, stellt das geographische, historische, mythische und demographische Zentrum des Yanomami-Gebietes dar. Auf jeder Seite dieses Hochlandes verändert sich die Landschaft, je nach dem Verlauf der Flüsse. Charakteristisch für die Landschaft sind zunächst kleine Bergketten mit abrupten Steilhängen, unterbrochen von hohen, ebenen Flächen. Die reliefartige Struktur verschwimmt ab einer Höhe von 500 Metern bis zur höchsten Erhebung fast völlig. Das ausgesprochen zerstreute und verzweigte Netz der Bäche wird stromabwärts zu Flüssen, die eine Breite von bis zu 60 m erreichen können, bevor sie in den Rio Branco oder Orinoco münden.

Der Lebensraum der Yanomami – hauptsächlich Wälder – zeichnet sich durch starke Unterschiede in der Topographie, im Klima und im Pflanzenwuchs aus, und der verfügbare natürliche Reichtum schwankt deutlich von einer Region zur anderen. In den tiefer gelegenen Regionen kann der Jäger erwarten, dass er nach einigen Stunden im Wald angemessene Beute macht. Im Gegensatz dazu bedarf es in den Bergen mehrtägiger Expeditionen, um das gleiche Ergebnis zu erzielen. Folglich ist das Sammeln von Wald- und Flussprodukten in den höher gelegenen Regionen wichtiger: Garnelen, Krabben, Larven, Raupen, Termiten und Pilze ersetzen oft das Fleisch des Nabelschweins, Tapirs, Hirschs oder Affen. Die Grösse der Fische schwankt zwischen 10 cm und 1 m, je nachdem, ob man flussaufwärts oder flussabwärts fischt. Auch die Pflanzen unterscheiden sich in Quantität und Qualität, je nach Höhenlage. Vor allem die Palmen leisten einen wichtigen Beitrag zur Ernährung sowohl durch ihren Fettanteil als auch wegen ihres Proteingehalts.

Wie der Grossteil der indianischen Völker des amazonischen Zwischenstromlands sind auch die Yanomami gleichzeitig Brandrodungsbauern, Jäger, Fischer und Sammler. Die Mobilität bei der Landnutzung erlaubt es ihnen, das Auskommen aller zu sichern, ohne die Regenerierung des genutzten Ökosystems oder den Frieden untereinander zu gefährden.

Da die Rodungen von den Yanomami jedes Jahr an einer anderen Stelle angelegt werden, wird der Boden, der meistens sauer und arm an mineralischen Salzen ist, nicht ausgelaugt. Wenn die Rodungen zu weit vom Dorf entfernt sind, werden die Gemeinschaftshäuser verlassen oder verbrannt. Ein neues Gemeinschaftshaus wird in der Nähe der neuen Felder gebaut. Dadurch kann das Wild wieder dorthin zurückkehren, von wo es zuvor durch die Gegenwart der Menschen vertrieben worden war. Gleichzeitig findet sich in der neuen Umgebung mehr Wild und andere Nahrung.

Im Laufe des jährlichen Versorgungszyklus verlegen die Yanomami ihren Aufenthaltsort so oft, dass sie genausoviel Zeit im Wald verbringen wie im Dorf, das aus einem oder mehreren gemeinsamen Häusern und den Rodungen besteht. Wenn eine Totenfeier vorbereitet wird, zu der andere Gruppen eingeladen werden, wenn bestimmte Früchte im Wad reif sind oder wenn die alten Pflanzungen nicht mehr genug Ertrag liefern, die neuen jedoch noch nicht die Reife erreicht haben, dann verlassen entweder die Männer oder auch die ganze Gemeinschaft das Dorf. Sie campieren bis zu 30 oder 40 km vom Dorf entfernt und nutzen die Waldprodukte in einem Teil des Waldes, der zu

Beim Zwischenhalt während eines Marschs durch den Wald, Sierra Parima.

anderen Jahreszeiten nicht ausgebeutet wird. Dabei hängen die Dauer und die zurückgelegten Entfernungen von regionalen Faktoren ab: von der Bevölkerungsdichte, von der Verteilung der Ressourcen im Wald und unter den Gemeinschaften und vom Zustand der politischen Beziehungen.

Andere Formen der Mobilität strukturieren die Beziehungen zwischen den und innerhalb der Dorfgemeinschaften. Jede Dorfgemeinschaft ist politisch und wirtschaftlich immer unabhängig. Sie ist mit den Nachbargruppen durch ein Netz ritueller Beziehungen, durch Heiratsbeziehungen und durch wirtschaftlichen Austausch verbunden. Diese Verflechtungen gelten für das gesamte Siedlungsgebiet der Yanomami und verbinden die vier linguistischen Untergruppen Yanomamë, Yanomami, Sanemá und Yanam, wobei die brasilianisch-venezolanische Grenze keine Bedeutung hat. Jedes Dorf befindet sich an der Kreuzung mehrerer Wege, welche die Qualität der Beziehungen zwischen benachbarten Gruppen erkennen lassen, je nachdem, ob sie leicht benutzbar oder im Gegenteil «voller Gestrüpp» (*baïmi*, in der Sprache Yanomamë) sind. Um den friedlichen Zustand zu erhalten, ist es wichtig, regelmässige Besuche zu machen und dafür die Wege zu erhalten, Güter zu tauschen und im Gegenzug zu Festen einzuladen. Die Entfernungen, die auf diese Weise zurückgelegt werden, können einige Kilometer oder mehr als

100 km betragen, je nachdem, ob die Gruppe im Zentrum oder in den Aussenbereichen des Yanomami-Gebietes siedelt.
Wenn Streitigkeiten innerhalb eines Dorfes oder zwischen Dörfern ausbrechen, kann sich ein Dorf oder ein Teil des Dorfes entscheiden, fortzuziehen. Besteht die Gefahr einer schweren realen oder symbolischen Auseinandersetzung, dann entfernt sich diese Gruppe einige Dutzend Kilometer, bevor sie neue Pflanzungen anlegt und ihre neuen Behausungen aufbaut. Die Entfernungen wiederum hängen von der Bevölkerungsdichte, vom Stand der nachbarlichen Beziehungen und vom verfügbaren natürlichen Reichtum ab. Das Gegenteil, die Vereinigung von Lokalgruppen, wird ebenfalls praktiziert, wenn diese zu klein sind und sich deshalb in ihrer Reproduktion oder in ihrer Sicherheit bedroht sehen.
Die mobile Lebensweise der Yanomami erlaubt es ihnen, ja zwingt sie dazu, den Wald mit den Produkten, die er für den Unterhalt, das Handwerk und die magischen Rituale anbietet, ständig im Auge zu behalten.
Die Mobilität gibt ihnen Zugang zu einer grossen Vielfalt von Sammelgut, das wichtige Nährstoffe wie Vitamine, Kohlenhydrate und Fette enthält. Die biologische Vielfalt, wichtiges Merkmal ihres Waldes, bedingt, dass Individuen derselben Pflanzengattung weit voneinander entfernt vorkommen. Daher die Notwendigkeit, sich frei bewegen zu können.
Die Yanomami müssen über fundierte Kenntnisse ihres Waldes verfügen, was sich übrigens oft in ihren Gesprächsthemen niederschlägt.
Es liegt also auf der Hand, warum die Yanomami ein grossflächiges, einheitliches Territorium für sich garantiert haben wollen. Kleine Reservate, die bloss ihre Gemeinschaftshäuser und Pflanzungen einschliessen, also Reservate wie sie 1978 und 1988 von der brasilianischen Regierung vorgeschlagen wurden, sind sinnlos, da die Yanomami ihre Dörfer ja verlegen und sich konstant von einem Dorf zum anderen bewegen.
Eine aufgezwungene Sesshaftigkeit hätte wiederum zur Folge, dass das Wild wegziehen, ja sogar verschwinden würde und das Sammelgut dann wegen zu intensiver Ausnutzung schnell erschöpft wäre. Mit anderen Worten: Es wäre eine Verarmung der biologischen Vielfalt des Ökosystems zu erwarten.

«Mein Wild, das will ich wirklich bewahren. Meinen Wald, den will ich wirklich schützen.»
(Carlos Tisiboratheri, Surucucus, 1987)

Die rationelle Bewirtschaftung des Bodens geht einher mit ganz bestimmten Vorstellungen, die sich die Yanomami von ihrem Boden machen und die ich hier ansatzweise erläutern möchte.
Urihi, der Wald, das Land (in der Yanomami-Sprache das gleiche Wort) steht mit allen wichtigen Aspekten des Lebens der Yanomami in Beziehung. Weit davon entfernt, den Wald als ungastlich zu betrachten, sehen sie ihn im Gegenteil als eine unerschöpfliche Quelle von Nahrungsmitteln und anderen Materialien für Handwerk, Medizin und Magie.
Dieses Land ist ihr Land, sagen die Yanomami, weil sie dort wie schon ihre Vorfahren geboren sind, ihre Kindheit verbracht haben und zu Erwachsenen geworden sind. Wie ihre Vorfahren haben sie gerodet und ihre Pflanzungen angelegt, haben

ihre Häuser gebaut und ihre Feinde bekämpft. Der Wald hat ihre Handlungen sowie ihre Erinnerung absorbiert. Er ist Zeuge vergangener Ereignisse, von Geschichte und Mythen.
Dieses Land, welches auch das ihrer Kinder ist, bewohnen sie seit sehr langer Zeit, und deshalb wird es auch von ihren Nachkommen bewohnt werden. *Yutuha* heisst in der Yanomamë-Sprache soviel wie «in ferner Vergangenheit» und «in ferner Zukunft». Mit anderen Worten: Das Land stellt die Kontinuität der Gruppe sicher, auch im Fall eines halb-sesshaften Volkes wie der Yanomami.
Schliesslich birgt der Wald verschiedene Formen von Lebewesen ihres Kosmos in sich. Er enthält beispielsweise die Tiere mit ihren Behausungen, ihren Wegen und ihren Ruheplätzen. Auch eine Vielzahl von Geistern leben dort, einschliesslich der Hilfsgeister der Schamanen, die in Felsvorsprüngen wohnen und Wege benützen, die nicht zerstört werden dürfen, weil sie andernfalls nicht mehr in die Brust des Schamanen zurückfinden, wenn dieser sie benötigt.
Urihi ist also nicht nur der Wohnort der Menschen, sondern auch anderer Lebewesen, die ebenfalls Teil der Schöpfung sind und mit denen die Yanomami vielfältigste Beziehungen unterhalten. Wenn aber das Land zerstört wird, verschwinden alle natürlichen und übernatürlichen Wesen. Omamë, der Schöpfungsheld der Yanomami, würde für immer verschwinden und die Yanomami würden nicht mehr existieren.
Weil sie sich als Teil eines Ganzen verstehen, können sich die Yanomami nicht vorstellen, wie sie nach dem Verschwinden eines der Elemente dieses Ganzen überleben sollten. Wenn die Tiere hinscheiden, werden die Menschen mit ihnen sterben. Wenn der Wald zerstört wird, ist die gesamte Welt der Yanomami zerstört.
Daher ist es leicht nachvollziehbar, dass die Invasion und Zerstörung des Territoriums durch Zehntausende von Goldgräbern seit 1987 sehr schnell den Anschein eines regelrechten Weltuntergangs für die Yanomami annahm.

(Übersetzung: Karin Ott-Soom, Willy Rodrian und Museum für Völkerkunde, Basel)

Michael Kabotie (Lomawywesa)

Migration Tears

Drei Gedichte

Cloud Kachina.
Michael Kabotie, 1990.

Hopid

Zwischen felsigen Hochebenen
verwehendem Sand, wirbelnden Winden
Wacholdersträuchern und Beifuss
vertrocknen ihre Nachgeburten.
Geboren, getauft durch ein reiches Leben
im gewaltsamen Chaos der Welt
doch freundlich war ihres;
genährt bis zur Zeit der Adoleszenz –
Mais ihre Mutter.
Kinder des Bären, der Kachina
und der Hopi Clans.

Dann
hinein in die kalten
grauen Unordnungen von Beton und
Asphalt
warf man sie;
BIA*-Bücher, Kreuze, Stechuhren
unverbunden
sublimiert von blendenden Lichtern
glattglänzenden Rädern;
Bourbon, Wein ein Ausweg
ihre Sucht.

Doch jung, stolz und tollkühn
kehren sie zurück zu
ihrem Mutterleib der Kiva
zu Sandsteinbehausungen
jetzt mit Antennen und Stromleitungs-
gewirr
aber kahle Felsen ohne Abwasserröhren
ihre Sicherheit.
Zu Hause bei sich
beziehen sie unendliche Schöpferkraft
beispiellose Stärke, sie fahren dahin
zwischen priesterlichen Wolken
geheimnisvollen Sternen
und verbinden abstrakte Gedanken
mit erfahrenen Händen,
Hopi-Künstlertum ihre Identität.

Hopid

Among rocky plateaus
shifting sands, whirlwinds
junipers and sagebrushes
their afterbirths dry.
Born, baptized by a rich life
during violent world chaos
but sweet was theirs;
nourished to adolescence,
maize their mother.
Children of Bear, Kachina
and Hopi clans.

Then
into the cold
grey concrete, asphalt
confusions they were cast;
BIA books, crosses, time-punches
unrelated
refined by blinding lights,
slick wheels;
bourbon, wine an escape
their addiction.

But young, proud and reckless
they return back to
their womb kiva,
sandstone dwellings
now antennas, 'lectricwebs
but sewerless barren rocks
their security.
Among their people,
tapping infinite creativity
power unknown, they travel
among priestly clouds
mysterious stars
coordinating abstract thoughts
with skilled hands,
Artist Hopid their identity.

* Bureau of Indian Affairs – Washingtoner Administration für Indianerreservate

Jungadler Flug Nr. 583

Den neuen Tag
    begrüsste ich gähnend
mit zusammengebundenem Haar
und verjagte den Schlaf
mit schwarzem Kaffee

In klimatisierten
Harvey Bars hänge ich
36 Minuten herum mit
    texanischen Ölbohrern
    Airforce Sergeants:
        Grünschnäbeln
    putsche den Adler
    in mir auf für den
        Jungfernflug

Flughafenstimmen
hallen durchs Tollhaus
erinnern angetrunkene
    Jungadler
    an Abflug von
    Silbervogel 583

Alkohol runterspülen
Sicherheitskontrollen
hinein in das Licht
der Südwest-Himmelswege
    Stewardess Gomez
    blaubrüstig
macht flügellose
    Adler bekannt
mit der Schönheit
des Flugs über
    Keresan Acoma
    Zuni Enchanted Mesa
    Hopi Painted Desert*

Ich fühle den Rausch
des mächtigen Adlers
gleitend seinen Weg suchend
zwischen sanft priesterlichen
    Kumuluswolken
    berühre und fühle
    die Gegenwart von Geistern
    von Blitz und Donner
    erinnere das Ich daran
    «Regenbringer» zu sein
    wenn die Aufgabe an mir sein wird

Wie der Flug sich verlangsamt
geht 583 nieder und immer noch
unvertraut mit Geheimnissen
der Höhen
    berühren wir nüchtern unsere
    geliebte Mutter Erde.

* Bezuglos nebeneinandergestellte indianische Gebietsbegriffe im Südwesten der USA.

Eaglet Flight Nr. 583

To new day
with tasseled hair
and knocking sleep
with black coffee
    I yawned

In air conditioned
harvey bars killing
36 minutes with
    texas oil-drillers
    air force sergeant
        eaglets
    psyching the eagle
    in me for
        maiden flight

Skyport voices
crack through bedlam
reminding inebriated
    eaglets
    of leaving of
    silverbird 583

Downing liquor
security checks
into the enlightenment
of southwest skyways
    stewardess gomez
    blue breasted
acquainting non-winged
    eagles
to the beauty
of flight over
    keresan acoma
    zuni enchanted mesa
    hopi painted desert

Feeling the ecstasy
of the mighty eagle
weaving and flowing
among soft priestly
    cumulus
    touching and feeling
    the presence of spirits
    of lightning and thunder
    reminding the self to be
    "bringer of rains"
    when my turn comes

As the airflow slows
583 descends and still
unknowing of mysteries
of heights
    we touch sober our
    beloved Mother Earth.

Unser Land nicht mehr für immer

In der Richtung von
  aufgehenden und untergehenden
  Sonnen,
  schneebedeckten Gipfeln.
  brennendroten Felswänden
  und fernen Horizonten
    Unsere geheiligten Stätten.

Priesterliche Adler flogen
esoterisch, unvergiftet;
Tiere des Landes vermehrten sich und
zogen ungestört ihres Wegs –
    Unser Land.

Dann von Osten,
  ein stolzes Bekenntnis,
  Freiheit und Fortschritt
  ihre Ideale;
  Gottgewollte Sendung
  ihre Gier
    Ihr Schlachtruf.

Sie schaffen Ungeheuer
aus Eisen und Stahl,
ziehen umher; entweihen
heilige Stätten, Schutzräume der Tiere;
würgen und vergewaltigen
    Unsere weinende Erd-Mutter.

Nun stehen wir alle
am Rand der Mesa;
fremdgeworden unserer Heimat,
wir ringen nach Luft und kämpfen ums
Überleben
unter den Schmutz-/Reifen-Spuren der
Technologie
und fragen uns warum
    Einst unser Land nicht mehr für
    immer?

Our Land No More Forever

In the direction of
  rising and setting suns.
  snow capped peaks,
  burning red cliffs
  and distant horizons:
    Our shrines.

Priestly eagles flew
esoterically, unpoisoned;
land animals bred and
roamed unmolested;
    Our Land.

Then from the east,
  a proud creed,
  liberty and progress
  their ideals;
  Manifest Destiny
  their greed,
    Their War Cry.

Creating monsters
of iron and steel,
they roam; desecrating
shrines, breeding grounds;
choking and raping
    Our weeping Earth-Mother.

Now we all stand
on mesa's edge;
aliens to our homeland,
gasping and struggling to survive
under the pollution/treads of technology,
wondering why,
    Once our land no more forever?

Aus: Michael Kabotie, Migration Tears
Auswahl und Übersetzung:
Karin und Hartwig Isernhagen

Peter R. Gerber

Museum und Indianer – Konfrontation oder Begegnung?

Das 1980 eröffnete U'mista Cultural Centre in Alert Bay, British Columbia, stellt ehemals konfiszierte und nun zurückerstattete Ethnographika der Nimkish-Kwakiutl aus. Die Front des Museums ist einem alten Chefhaus nachgebildet und zeigt einen Donnervogel, der in seinen Fängen einen Raubwal hält.

Nach 500 Jahren der Konfrontation zwischen den Ureinwohnern der beiden amerikanischen Kontinente und den Euro-Amerikanern stellt sich die Frage, ob sich in der gegenwärtigen Politik der westlichen Museen neue Konfrontationen auf Kosten der indianischen Ureinwohner anbahnen oder ob es zu neuen Formen «friedlicher» Begegnungen kommen wird. Anlass zu einer eher pessimistischen Sicht gibt der Glenbow-Fall aus dem Jahr 1988, Hoffnungen wecken einige neuere Ereignisse in den USA und Kanada.

Der Glenbow-Fall

Anlässlich der Winter-Olympiade im Februar 1988 konzipierte das Glenbow-Museum in Calgary eine grossangelegte Ausstellung, die den Reichtum, die Verschiedenartigkeit und die Komplexität der Kulturen der kanadischen Ureinwohner (Indianer, Metis, Inuit) aufzeigen sollte. Das Projekt «The Spirit Sings» (Der Geist singt) lief 1983 an, umfangreiche Nachforschungen wurden durchgeführt nach Objekten, die zur Zeit des Kontaktes mit den Euro-Amerikanern in weisse Hände geraten waren. Daran waren sieben kanadische Regionalspezialisten und -spezialistinnen beteiligt, die in Dutzenden von Museen und zugänglichen Privatsammlungen inner- und ausserhalb Kanadas nach ausleihbaren Objekten suchten. Es entstand eine Liste von über 5000 Stück, von denen rund 1000 als erwünschte Leihgaben ausgewählt wurden.

Über 110 Museen und Privatsammlungen wurden wegen Ausleihen angefragt, und man wäre glücklich gewesen, wenn wenigstens rund 800 Objekte zusammengekommen wären, musste doch mit Absagen gerechnet werden, weil konservatorische Gründe eine Ausleihe von alten und oft sehr fragilen Objekten nicht zuliessen. Es kamen aber «nur» 650 Objekte aus rund 90 Institutionen nach Calgary, 23 Museen lehnten eine Ausleihe ab, 12 davon mit der Begründung, dass sie sich dem Aufruf der Cree-Gemeinschaft am Lubicon-See im Norden Albertas zum Boykott dieser Ausstellung anschlössen.

Weshalb kam es zu einem Boykott-Aufruf durch eine indianische Gemeinschaft, war doch das Hauptziel der Ausstellung, «das kanadische Volk über das Erbe der Ureinwohner in ihrem Lande zu bilden und den Reichtum an Ethnographika der Indianer und Inuit in ausländischen Museen ans Licht zu bringen», wie es die rührige Koordinatorin der Ausstellung, Julia D. Harrison, formulierte? (Harrison 1988) Stein des Anstosses war nicht dieses in ihren Worten «verantwortungsbewusste» Ziel, sondern ein Sponsor-Beitrag von Shell Canada in der Höhe von 1,1 Millionen Ca-$, bei einem Gesamtbudget von 2,6 Millionen.

Sponsoring ist eine zunehmende Erscheinung in der Museumswelt; die ethischen Fragen, die es aufwirft, sind jedoch keineswegs geklärt und auch nicht leicht zu lösen. Im Falle der Glenbow-Ausstellung «The Spirit Sings» scheint mir die ethische Konsequenz aber zwingend zu sein, wenn man sich die gesamte Situation vergegenwärtigt. Dazu muss zuerst ein Blick auf die Geschichte des Landstreites der Lubicon-Cree geworfen werden.

Bei der Registrierung und Reservatszuteilung um die Jahrhundertwende übersahen die Regierungsbeamten die kleine Gemeinschaft der Cree am Lubicon-See. Nach jahrzehntelangen Bemühungen seitens der Lubicon-Cree versprach die Bundesregierung 1939, ihnen ein Reservat ab-

zugrenzen, doch bis heute warten die Lubicon noch immer darauf. Als in ihrem angestammten Lebensraum Anfang der siebziger Jahre Erdöl gefunden wurde, nahm die Provinzregierung von Alberta das Gebiet gemäss kanadischem Recht unter ihre Kontrolle und vergab Schürfrechte an Ölfirmen, darunter auch an Shell Canada.
Zwischen 1979 und 1982 wurden über 400 Ölpumpen auf einem Gebiet von rund 400 km^2 installiert. Dort wird täglich seit 1980 Öl im Wert von 1 Million Ca-$ gefördert, das sind bis heute über 40 Milliarden. Damit begann die Vernichtung der traditionellen Lebensweise der rund 450 Lubicon-Cree. Der Einbruch der «Zivilisation» verscheuchte das Wild, was für die Jägerkultur der Lubicon-Cree eine Katastrophe darstellt. Während in den siebziger Jahren noch über 200 Elche pro Jahr gejagt werden konnten, waren es Ende der achtziger Jahre keine 20 mehr. Das jährliche Einkommen einer indianischen Trapperfamilie von durchschnittlich 5000 $ sank im selben Zeitraum auf 400 $. Noch 1978 lebten 90 % von ihnen als Selbstversorger; nur 10 % mussten die staatliche Fürsorge in Anspruch nehmen. Heute liegen die Verhältnisse umgekehrt: 95 % sind zu Fürsorgefällen geworden. Die Krankheits-, Alkoholismus- und Selbstmordraten steigen sprunghaft an, ein Drittel der Bevölkerung wurde Ende der achtziger Jahre seuchenartig von der Tuberkulose erfasst (vgl. Ominayak 1987).
An der zerstörerischen Ausbeutung des Öles im Lebensraum der Lubicon ist auch Shell Canada beteiligt. Typisch für die politisch-wirtschaftlichen Verhältnisse in Alberta ist die Tatsache, dass im Organisationskomitee für die Olympischen Winterspiele Vertreter verschiedener Ölfirmen sassen; aber auch im Verwaltungsrat (Board of Governors) des von einem Ölbaron von Calgary gegründeten Glenbow-Museums sprechen die Vertreter von Ölfirmen ein gewichtiges Wort. Die meisten, vor allem grösseren Ausstellungen im Glenbow-Museum werden regelmässig von Ölfirmen gesponsert. So überrascht es nicht, dass Shell Canada eine einmalige Ausstellung benutzte, an deren ethnologischen Qualität wenig zu kritisieren war, um sein Image als indianerfreundlicher Konzern aufzupolieren, während derselbe Konzern gleichzeitig zusammen mit anderen Ölfirmen im Norden Albertas eine indianische Gemeinschaft von ihrem Territorium zu vertreiben suchte, indem man deren Lebensgrundlage zerstörte.
Für menschenrechtlich sensibilisierte Zeitgenossen war und ist der Zynismus dieses Sponsoring der Ausstellung offensichtlich, nicht aber für die Ausstellungsleute in Calgary, die das «ölige» Geld ohne Zögern annahmen und im Verlauf einer kritischen Auseinandersetzung mit andern (Museums-)Ethnologen die Entgegennahme des Geldes schamlos verteidigten. Ein Museum dürfe nicht politisiert werden, lautete ihr Hauptargument – als ob die Annahme der Shell-Gelder kein Politikum wäre (vgl. Trigger 1988).
Die Lubicon handelten hingegen bewusst politisch, als sie den für sie tödlichen Widerspruch des Handelns von Shell Canada erfassten. Die Lubicon und ihr Chief Bernard Ominayak kämpfen um die rechtliche Anerkennung der 240 km^2 Land, auf dem sie seit Menschengedenken gelebt haben. Nachdem sie alle rechtlichen und politischen Möglichkeiten für eine legale Lösung ihres Landrechtsstreites ausgeschöpft hatten, riefen sie in ihrer verzweifelten Lage zum Boykott der Olympischen

Winterspiele auf, was von verschiedenen Seiten kritisiert wurde und wenig Gehör fand.
Mehr Erfolg hatte ein weiterer Boykottaufruf, den sie an die internationale Museumswelt richteten: die Museen sollten für die Ausstellung im Glenbow-Museum keine Leihgaben machen. Die Lubicon wussten allerdings bis zum Schluss nicht genau, welche Museen und Privatsammlungen von Glenbow angefragt worden waren. Ihre Liste der angeschriebenen Museen umfasste schliesslich nur 55 Namen. Unter den politisch argumentierenden Boykotteuren befanden sich so namhafte Museen wie das Museum of the American Indian in New York, das Harvard Peabody Museum in Cambridge/MA, das Horniman Museum in London, das Rijksmuseum Voor Volkenkunde in Leiden und das dänische Nationalmuseet in Kopenhagen. Das führte dazu, dass sogar der Internationale Rat der Museen (ICOM) in der Resolution 11 anlässlich seiner Drei-Jahrestagung in Buenos Aires im November 1986 einen pro-Lubicon Standpunkt einnahm. Einige Museen, die eine Leihgabe ablehnten, beriefen sich ausdrücklich auf diese ICOM-Resolution.
Dass die erwünschten Leih-*Objekte* für die Glenbow-Leute wichtiger waren als die Lubicon-*Menschen*, beweist eine der Aktionen, die die Museumsleitung unternahm, um vom Boykott bedrohte Leihgaben doch noch zu erhalten. Nachdem einige Schweizer Museen nach anfänglicher Zusage sich im Sommer 1987 dem Boykott anschlossen, reisten der Direktor Duncan Cameron und Julia Harrison am 10. September 1987 nach Bern. Sie versprachen den Vertretern der boykottwilligen Schweizer Museen, man werde am Eingang der Ausstellung eine Tafel mit einem Text aufstellen, worin die unterzeichnenden Leihgeber ihre Besorgnis über den Lubicon-Landrechtsfall äussern und den Wunsch nach einer gerechten Lösung aller Landrechtfragen in Kanada anmelden könnten. Der gleiche Text sollte auch im Ausstellungskatalog erscheinen. Die Mehrzahl der Schweizer Museumsleute liess sich überzeugen und nahm den Boykottbeschluss zurück, ohne zu realisieren, dass dies nur ein abgekartetes Spiel war. Der Katalog war zu diesem Zeitpunkt längst im Druck, und der Tafeltext wurde – nach Erhalt der Leihgaben – von allen Hinweisen auf die Lubicon «gesäubert». Als ich im September 1988 die Ausstellung in Ottawa besuchte, fand ich die Texttafel nicht – entweder war sie so unauffällig plaziert, dass sie von möglichst wenig Besuchern entdeckt werden sollte, oder sie wurde schon gar nicht mehr aufgestellt...

Neue Hoffnungen

Am 28. November 1989 unterzeichnete Präsident Bush das Public Law 101–185, mit dem das neue «National Museum of the American Indian» geschaffen wird. Das Besondere an dieser Meldung ist nicht die Neugründung, sondern der mit diesem Gesetz beschlossene Auftrag, ein genaues Inventar der 18650 indianischen Skelette bzw. sterblichen Überreste und der dazugehörigen Grabbeigaben zu erstellen, die sich in den Sammlungen des Smithsonian National Museum of Natural History befinden. Werden sterbliche Überreste und Grabbeigaben sowie Nachkommen der Verstorbenen identifiziert, so können diese entscheiden, was mit den sterblichen Überresten ihrer Vorfahren geschehen soll: sie können sie zu-

rückfordern und nochmals begraben oder im Museum belassen. Drei Mitglieder des fünfköpfigen Berater-Komitees wurden von indianischen Gemeinschaften und Organisationen bestimmt. Im Fiskaljahr 1991 ist für diese Inventarisierung ein Budget von 1 Million US-$ bewilligt worden.
Ein gutes Jahr später ging der amerikanische Gesetzgeber – der Kongress – einen Schritt weiter: Am 23. November 1990 unterschrieb Präsident Bush ein neues Gesetz mit dem Namen «Native American Graves Protection and Repatriation Act». Dieses Gesetz verlangt von allen Bundesinstitutionen und von den privaten Museen, die Bundessubventionen erhalten, dieselbe Inventarisierung und Herkunftsbestimmung wie im Falle der Smithsonian-Sammlungen. Nicht nur die sterblichen Überreste der Vorfahren können bei erwiesener Abstammung wieder zurückgefordert werden, sondern auch alle aus Gräbern entfernten Objekte, sofern eine Familie oder eine Gemeinschaft ihren Anspruch darauf belegen kann (vgl. Akwesasne Notes 1990 und 1991).
Dieser politische Entscheid ist bemerkenswert und wird ohne Zweifel die seit rund 20 Jahren geführte Diskussion über die Rückgabe bzw. Restitution von Kulturgütern an die Völker der Dritten und Vierten Welt stark beeinflussen. Im inneramerikanischen Kontext der Frage um die grösstmögliche Selbstbestimmung der indianischen Gemeinschaften und Völker ist das neue Gesetz ein entscheidender Schritt im Rahmen der kulturellen Selbstbestimmung und nur vergleichbar mit dem «American Indian Religious Freedom Act» von 1978. Dennoch darf hier nicht übersehen werden, dass dieses Recht kultureller Selbstbestimmung weit weniger schmerzhaft für das weisse Amerika ist, als es ein noch immer nicht gewährtes Verfügungsrecht über die auf Reservaten befindlichen Ressourcen wäre. Im wirtschaftlichen und politischen Bereich kann deshalb noch lange nicht von Selbstbestimmung gesprochen werden.
In Kanada hat die Glenbow-Affäre einiges in Bewegung gesetzt. Im November 1988 organisierte die politische Dachorganisation der Ureinwohner, die Assembly of First Nations, zusammen mit der Canadian Museums Association ein Symposium zum Thema «Preserving our Heritage» (Bewahrung unseres kulturellen Erbes). Das Symposium endete mit der Schaffung einer Arbeitsgruppe (Task Force on Museums and First Peoples), die den Auftrag hat, sich mit folgenden Fragen auseinanderzusetzen: a) Mitarbeit von Ureinwohnern und Ureinwohnerinnen in Institutionen, die sich mit der Interpretation ihrer Kultur und Geschichte befassen, b) verbesserter Zugang zu Museumssammlungen für Ureinwohner und Ureinwohnerinnen, und c) Rückführung von Kulturgütern. In einem Schlussbericht soll die «Arbeitsgruppe» (Task Force) entsprechende Empfehlungen formulieren. Diese sollten bis ins Jahr 1992 in entsprechende ethische Richtlinien für Museen und ähnliche Institutionen münden.

Und was tun wir in der Schweiz?

Die neueste Entwicklung in Kanada und den USA ist also ermutigend, neue Formen der Begegnung zwischen (Museums-)Ethnologie und den Ureinwohnern und Ureinwohnerinnen könnten sich anbahnen. «Könnten», denn noch bleibt das Damoklesschwert des Sponsoring über den Museumsleuten hängen. Das unselige Beispiel der Ausstellung «The Spirit Sings» hat

gezeigt, dass ehrgeizige Ausstellungsprojekte heutzutage kaum mehr ohne zusätzliche finanzielle Unterstützung organisiert werden können. Das Glenbow-Museum mit seinen «Ölquellen» im Hintergrund mag ein extremes Beispiel sein und nicht als repräsentativ für die breite Museumswelt gelten. Dennoch ist der ethische Konflikt rund um diese Ausstellung exemplarisch.
Woher sollen nun aber diese zusätzlichen Gelder kommen? Vom Staat, den man aber vielleicht gerade wegen seiner fragwürdigen Dritte-Welt-Politik kritisiert? Puristen werden solche Gelder ablehnen; meines Erachtens ist es jedoch nicht nur legitim, sondern auch demokratisches Recht, staatliches Handeln kritisch zu würdigen. Kommen die Gelder von der Privatwirtschaft, ist es mit diesem demokratischen Recht allerdings schnell vorbei. Schnell nistet sich auch die Selbstzensur in den Köpfen der Museumsleute ein, wie das Glenbow-Beispiel mit dem Tafeltext gezeigt hat.
Auch wenn ein multinationaler Konzern trotz seines Sponsorbeitrages die akademische bzw. politische Freiheit der Ausstellungsleute gewährleistet, stellt sich die Frage, ob der Beitrag angenommen werden kann, wenn gleichzeitig bekannt ist, welch fragwürdiges Wirtschaftsverhalten derselbe Konzern in der Dritten/Vierten Welt an den Tag legt. Unbestreitbar sanktioniert ein Museum dieses Verhalten, indem Sponsoring letztlich immer Werbung darstellt. Das Glenbow-Museum hat demnach mit seiner Ausstellung unzweideutig Werbung für Shell Canada betrieben, mögen die gegenteiligen Beteuerungen der Museumsleute noch so laut sein. Für mich bedeutet dies, dass wir Museumsleute von gigantischen Ausstellungsprojekten Abstand nehmen und uns an die Weisheit «Small is Beautiful» erinnern sollten.
Wesentlicher scheinen mir jedoch die Fragen rund um die Vertretung der Völker der Dritten und Vierten Welt in der Museumsarbeit zu sein. Zur Diskussion stehen z. B. die Aufforderung, gezielt Museumsethnologen und -ethnologinnen aus der Dritten/Vierten Welt auszubilden, Informationen über Sammlungen in westlichen Museen zur Verfügung zu stellen, teilweise Objekte wieder zurückzugeben, den Aufbau von einheimischen Museen finanziell zu unterstützen usw. Hier ist erfreulicherweise einiges im Fluss, und viele positive Beispiele könnten angeführt werden, wie etwa die vorbildliche Zusammenarbeit des Basler Museums für Völkerkunde mit dem Nationalmuseum von Papua Niugini in Port Moresby.
Zum Schluss möchte ich nochmals auf die erwähnte Entwicklung in Amerika zurückkommen: Die Rückführungsgesetzgebung in den USA und die in gleicher Richtung laufende Diskussion in Kanada betreffen indirekt auch unsere Schweizer Museen. Was soll mit den sterblichen Überresten und den Grabbeigaben in unsern Museen geschehen? Bräuchte es nicht auch hier eine Inventarisierung und die dazugehörende Konsequenz, bei entsprechender Identifizierung die lokalisierten Nachfahren zu informieren? Eine Initiative der Museumskommission der Schweizerischen Ethnologischen Gesellschaft – gemeinsam mit der Schweizerischen Amerikanisten-Gesellschaft – zur Lösung dieser Fragen ist meines Erachtens ein Gebot der Stunde.
Ich habe in diesem kurzen Beitrag keineswegs die ganze Problematik von Sponsoring, Mitarbeit und Rückführung behandeln können. Wichtig jedoch scheint mir,

dass wir gemeinsam über diese brennenden Museumsfragen nachdenken und praktikable Lösungen realisieren, die alle beteiligten Seiten befriedigen können.

Literatur

Akwesasne Notes Vol. 22, Nr. 3, 1990: 10, und Akwesasne Notes Vol. 23, Nr. 1, 1991: 23.

Julia D. Harrison: «The spirit sings» and the future of anthropology, in: Anthropology Today, Vol. 4, Nr. 6, 1988: 6–9.

Bernard Ominayak: Die Olympiade von Calgary und die drohende Vernichtung der Lubicon-Indianer, in: Incomindios Nr. 44, 1987: 23–41.

Bruce G. Trigger: A Present of their Past? Anthropologists, Native People, and their Heritage, in: Culture Vol. VIII, Nr. 1, 1988: 71–79.

Bildnachweis

S. 5, 11, 13, 78, 81
aus: Theodore de Bry, Das Vierdte Buch von der neuwen Welt. Deutsche Erstausgabe 1594.

S. 9
aus: Allgemeine Geschichte der Länder und Völker von America. Zweiter Theil. Halle 1753.

S. 14, 15, 16, 17, 18, 19, 20, 21, 22, 132
Zeichnungen von Susanne Gisin.

S. 24
Sammlung der Basler Mission im Museum für Völkerkunde Basel. Foto von Peter Horner.

S. 27
aus: Bitterli, Urs, Die Entdeckung des schwarzen Afrikaners.

S. 37
aus: Murra, John; Adorno, Roleano; Urioste, Jorge (Eds.), Crónicas de América, Ediciones Historia 16, Madrid 1987.

S. 38, 41
aus: Jean de Léry, Brasilianisches Tagebuch. Tübingen, Basel 1967.

S. 34, 46, 48, 49
aus: Gewecke, Frauke, Wie die Neue Welt in die alte kam. Stuttgart 1986.

S. 39
aus: Christopher Columbus. The sailor who gave us the New World. National Geographic, Vol. 148, Nr. 5. Washington 1975.

S. 50
aus: Rieder, M. und H. P.; Suter, R., Basilea Botanica. Vom Safran bis zum Götterbaum. Basel 1979.

S. 51
Archivo General de Indias (AGI), Sevilla, Spanien, Legajo 294, F2r.

S. 53
modifiziert nach Köhler, U., Gelenkter Kulturwandel im Hochland von Chiapas, 1969.

S. 59, 62, 65
Fotos von U. Köhler.

S. 68, 70, 71, 74, 75
Fotos von S. Hammacher.

S. 86
aus: Vacas Galindo, E. (Ed.), Colección de documentos sobre limites ecuatoriano/peruanos. Vol. 1: Documentos sobre Maynas. Quito 1902.

S. 89
aus: Osculati, G., Esplorazione delle Regioni Equatoriali lungo il Napo ed il fiume delle Amazzoni. Milano 1854.

S. 90
Foto von P. Arenas, Aguarico, Ecuador 1986.

S. 91
Foto von M. S. Cipolletti, Ecuador 1987.

S. 94, 95, 97, 99
aus: Gisbert, Teresa, Iconografía y mitos indígenas en el arte. La Paz 1980.

S. 101
Foto von A. Spinnler-Dürr.

S. 103
Foto von Dieter Spinnler.

S. 106, 109, 111
Fotos von M. Münzel.

S. 114, 116, 117
Fotos von L. Boglár.

S. 119, 121, 123, 126, 127
Fotos von H.-R. Wicker.

S. 131, 135
Fotos von V. Ziegler.

S. 137
Foto von P. Birraux.

S. 140
Portraitfoto von H. Teiwes. Gemälde: Privatbesitz.
Foto von P. Horner.

S. 145
Foto von P. R. Gerber.

Quellennachweis

Die Gedichte von Michael Kabotie auf S. 140 ff. wurden entnommen aus: Migration Tears. Poems about transitions, by Michael Kabotie (Lomawywesa). University of California, Los Angeles 1990.
© 1987 The Regents of the University of California.
Mit freundlicher Genehmigung des Autors.

Die Autoren

Baer, Gerhard
Direktor des Museums für Völkerkunde Basel und a. o. Prof. für Ethnologie an der Universität Basel im Nebenamt.

Birraux-Ziegler, Pierrette
Ethnologin und Geographin, Assistentin am Geographischen Institut der Universität Genf.

Bitterli, Urs
Professor für Neuere Geschichte an der Universität Zürich; Autor mehrerer kolonialhistorischer Werke.

Boglár, Luiz
Professor für Ethnologie an der Universität von Budapest, Ungarn.

Cipolletti, María Susana
Ethnologin mit Lehrauftrag an den Universitäten in Freiburg und München.

Dürr, Eveline
Ethnologin in Berlin; derzeit auf Feldforschung in Mexiko.

Gardi, Bernhard
Konservator der Abteilung Afrika am Museum für Völkerkunde Basel.

Gerber, Peter
Konservator der Abteilung Amerika und stellvertr. Direktor am Völkerkunde-Museum in Zürich.

Haas, Susanne
Konservatorin für Zentral-, Vorder- und Südasien sowie Urgeschichte am Museum für Völkerkunde Basel.

Hammacher, Susanne
Ethnologin; Beauftragte für Öffentlichkeitsarbeit und Museumspädagogik am Museum für Völkerkunde Basel.

Kabotie, Michael
Hopi des Schnee/Wasser-Clans, mit indianischem Namen Lomawywesa genannt. Maler, Dichter, Gold- und Silberschmied mit mehreren, auch internationalen Ausstellungen. Arbeitet mit dem Hopi Cultural Center zusammen.

Köhler, Ulrich
Professor für Ethnologie an der Universität Freiburg i. Br.

Münzel, Mark
Professor für Ethnologie an der Universität Marburg.

Seiler-Baldinger, Annemarie
Konservatorin der Abteilung Amerika am Museum für Völkerkunde Basel und Lektorin am Ethnologischen Seminar.

Spinnler-Dürr, Alice
Ethnologin und wissenschaftliche Bibliothekarin an der Universitätsbibliothek Basel.

Wicker, Hans-Rudolf
Professor für Ethnologie an der Universität Bern.